Was soll ich kochen?

Dorothea's

Schnelle leichte Küche

Vehling Verlag
Berlin • Werl i.W. • Basel • Graz

Gesamtherstellung:
Vebu-Verlag GmbH., Berlin

Was soll ich kochen?

Dorothea's

Schnelle leichte Küche

Vorwort

Was soll ich kochen?

Die schnelle Küche - Salatbar - Gästebewirtung

Dieses Buch bringt Anregungen für:
- schnelle Gerichte für eilige Köche,
- ein reichhaltiges Salatangebot,
- verschiedene Formen und Vorschläge für die Gästebewirtung.

Den ersten Teilabschnitt, „Schnelle Gerichte für eilige Köche", widme ich vor allem denen, bei denen der Faktor Zeit eine größere Rolle spielt als bei der "hauptamtlichen Hausfrau". Schnelle Gerichte, das sind solche, bei denen die Zubereitungszeit nicht viel länger als 40 Minuten beträgt. Sie sollen dazu beitragen, den täglichen Ernährungsplan mit möglichst wenig Streß "in den Griff zu bekommen.
Das Buch zeigt Möglichkeiten auf, gibt Tips und vermittelt einfache Rezept- und Menüvorschläge, die helfen möchten, trotz Zeitdruck und Eile eine gesunde, abwechslungsreiche

Kost auf den Tisch zu bringen.

Ein reichhaltiges Salatangebot soll nicht nur die Wertschätzung für erntefrische, gesunde Rohkost unterstreichen, sondern auch Anregungen für die vielfältigen Variationsmöglichkeiten einer täglichen Salatmahlzeit bieten. Der Salat ist in besonderem Maße in der Lage, unsere Farb- und Geruchssensoren anzusprechen. „Das Auge ißt mit", urteilt der Volksmund zu Recht.

Im dritten Abschnitt beziehe ich mich auf verschiedene Formen der Gästebewirtung, die das Mitfeiern der pfiffigen Gastgeberin nicht ausschließen. Eine sorgfältige Planung und Rezeptauswahl sowie überlegtes Vorbereiten sind hierfür unerläßlich.

Meine Ausführungen möchten Ihnen bei Ihren individuellen Überlegungen Hilfestellungen anbieten.

Gemeinsame frohe Stunden in netter Gesellschaft dienen der Entspannung und Freude. Sie sind gesund für Leib und Seele. Diese Bereicherung darf für die Gastgeberin oder für den Gastgeber weder durch übermäßige Arbeitsbelastung noch überhöhte Kosten getrübt werden.

Dorothea Haselkamp

Was soll ich kochen?

Der Inhalt im Überblick

I. Schnelle Gerichte für eilige Köche

1. Vorratswirtschaft
2. Schnelle Salate
3. Suppen
4. Eintopfgerichte
5. Pfannengerichte
6. Das hohe Lied der Bratkartoffeln
7. Gerichte mit Fisch
8. Gerichte mit Eiern.

II. Die Salatküche

1. Salatsoßen
2. Salatcocktails
3. Rohkostsalate
4. Gemischte Salate
5. Sättigende Salate

III. Verschiedene Formen und Vorschläge für die Gästebewirtung

1. Sektempfang
2. Sektfrühstück
3. Zwanglose Treffs zu verschiedenen Anlässen
4. Alles dreht sich um's Buffet

- Mögliche Vorbereitungsarbeiten
- Speisenfolge und Buffetangebote
- Äußerer Rahmen
- Rustikales Buffet
- Warmes Buffet
- Fischbuffet.

5. Grillvergnügen
6. Erfrischende Getränke, Eisspezialitäten
7. Süße Schlußpunkte
8. Festausklang mit Kaffee und Gebäck.

Inhaltsübersicht des ersten Buches

Was soll ich kochen - rund um's Jahr?

I. Frühstück
   1. Das Frühstück bringt den Tag in Gang
   2. Brunch - frühstücken in Sonntagslaune

II. Alltags- und Sonntagsgerichte für Frühjahr, Sommer, Herbst und Winter.

III. Das kleine Abendessen für Familie und Gäste
   1. Suppen
      - Klare Suppen
      - Gebundene Suppen
   2. Pikantes Gebäck
      - Pizzas, Quiches und Tartes
      - Pasteten, Pastetchen, gefüllte Taschen
      - Gefüllte Brötchenhälften, Baguettes
      - Toastgerichte

IV. Spätimbiß für Nachteulen
   - Mitternachtssuppen
   - Pikante Snacks.

Hinweis: Wenn nicht anders angegeben, sind die Rezepte für 4 Personen berechnet.

Der Schöpfer nötigt
den Menschen, zu essen,
um zu leben.
Er fordert ihn
durch Appetit dazu auf
und belohnt ihn
durch das Vergnügen,
das er dabei
empfindet...
(Brillat de Savarin)

I. Schnelle Gerichte

für eilige Köche

Schnelle Gerichte

für eilige Köche

Wochen - Schnellmenü - Rezeptur

Man nehme:
1 Handvoll Planung, 1 El Organisation
7 Tropfen Jnprovisation, würzt es mit
1 Tl Phantasie und schmeckt es mit
1 Schuß Erfahrung ab.
Nachdem alles verrührt und angerichtet ist, läuft die Woche wie „am Schnürchen"...

Eilige Köche

Es gibt sie wie „Sand am Meer", und Gründe, die die „eiligen" Köche zur Eile treiben, sind auch reichlich vorhanden.

Da sind die vielzitierten, berufstätigen Hausfrauen, die Beruf, Haushalt und Kinder „unter einen Hut" bringen müssen, die jungen Frauen, die mit ihren Kleinkindern überlastet sind, die Singlehaushalte, für die sich ein großer Arbeitsaufwand in der Küche nicht lohnt; da gibt's zeitaufwendige Hobbys, Streß und Überarbeitungen, Unlust und, und und . . .

So ist das Kapitel „schnelle Gerichte für eilige Köche", vor allem denen gewidmet, bei denen der Faktor Zeit eine größere Rolle spielt als bei der „hauptamtlichen Hausfrau".

Die Rezeptmengen sind in diesem Kapitel, wenn nichts weiteres angegeben, auf 1 Person abgestimmt.

Schnelle Gerichte sollen dazu beitragen, den Tag mit möglichst wenig Streß „in den Griff" zu bekommen.

Der weise Konfuzius sagte einmal:

„Der Mensch hat drei Wege, klug zu handeln:
1. Durch Nachdenken, das ist der edelste,
2. durch Nachahmen, das ist der leichteste und
3. durch Erfahrung, das ist der bitterste."

Wie recht Konfuzius hat! Ohne Nachdenken geht nicht. Der bittere Weg der Erfahrung bleibt keinem erspart.

Damit der leichte Weg der Nachahmung stärker genutzt werden kann, habe ich erfolgreiche „eilige Köche" nach ihren Erfolgsrezepten gefragt.

Ihre Erfahrungen möchte ich Ihnen als Kostproben servieren.

Der Einkauf

Jedes Teil einzeln einzukaufen kann unter Umständen eine gute Beschäftigungstherapie sein. Für unsere eiligen Köche ist dieses Kaufverhalten sicherlich nicht sinnvoll, da bei ihnen der Faktor Zeit einen besonders hohen Stellenwert besitzt.

ein gezielter Einkauf, verbunden mit einer guten Vorratshaltung, kann die wöchendliche Einkaufszeit erheblich reduzieren und damit unnötigen Streß vermeiden helfen.
Ein wohldosierter Vorrat regt Phantasie und Kreativität an. Abwechslungsreiches Essen und Freude am Kochen sind die erfreulichen Ergebnisse.

Die Vorratswirtschaft

- Eingekaufte Vorräte

1. Vollkonserven

Diese Konserven sind durch Hitzebehandlung keimfrei gemacht worden u. auf fast unbegrenzte Zeit haltbar. Es sind unsere Gemüse- und Obstkonserven, Kondensmilch, aber auch konservierte Teigwaren, Fleisch- und Fischgerichte. Da es sich hierbei um fertig gegarte Lebensmitteln handelt, sind sie sofort einsatzbereit. Gemüse braucht man z. B. nur noch erhitzen und in Kräuterbutter schwenken, Hülsenfrüchte nur noch erwärmen. Ölsardinen und Thunfisch eignen sich für Salate und Toastgerichte.
Zum klassischen Vorrat der schnellen Küche gehören:

ein paar Dosen Erbsen, weiße und rote Bohnen, geschälte Tomaten, Sauerkraut, ein paar Dosen oder Gläser konserviertes Obst und Ravioli.

2. Gefrierkonserven

sind unsere Tiefkühlprodukte. Der ernährungsphysiologische Wert des tiefgekühlten Gemüses liegt in der Regel nicht niedriger als bei der jeweiligen Frischware. Gemüse, Kartoffelprodukte, Fisch, Fleisch und fertiggegarte Gerichte sind hier die Favoriten.

3. Die Halbkonserven oder Präserven

Sie sind durch Konservierungsmittel oder durch ähnliche Zusätze haltbar gemacht. Auf der Verpackung muß das Konservierungsmittel und das Haltbarkeitsdatum angegeben werden. Die Aufschrift: „Kühl aufbewahren, zum baldigen Verbrauch bestimmt," sollte beherzigt werden.

Präserven werden bis zu ihrem Verfallsdatum am besten im Kühlschrank aufbewahrt. Zu den bekanntesten, bzw. zu den beliebtesten Präserven gehören: Fisch in Soßen, Rollmöpse, Bismarckheringe, Heringe in Gelee, Krabbenerzeugnisse, bestimmte Würstchen in Dosen, Mayonnaise, Würzsoßen.

4. Instantprodukte

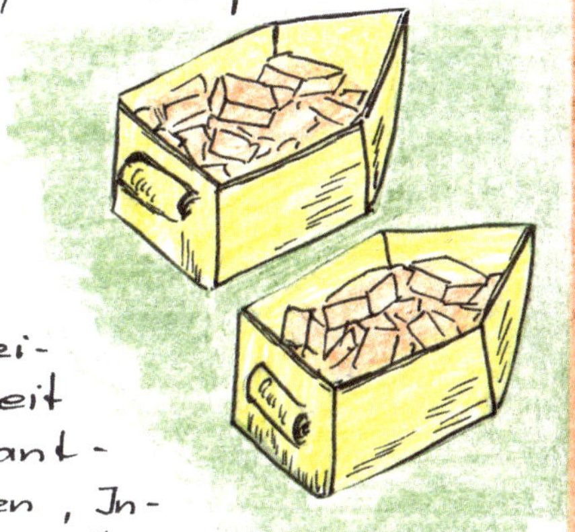

Instant, das ist das englische Wort für Augenblick. Tatsächlich lassen sich diese Produkte in einem Augenblick in heißer oder kalter Flüssigkeit auflösen. So sind Instant-Fleisch- und Gemüsebrühen, Instant-Soßen, -Tee und -Kaffee in wenigen Minuten zubereitet.

5. Lebensmitteln, die sich lange aufheben lassen

Zum Vorrat der eiligen Köche gehören Nudeln,

Reis, Mehl, Stärke, Puddingpulver, Paniermehl, Zucker, Vanillezucker, Kaffee, Tee, Marmelade, Gelee, Tüten-Suppen und -Soßen als Halbfertig-Produkte, Salat- und Würzsoßen, auch manche Käsesorten.

Vorratswirtschaft
- selbsthergestellte Vorräte

Kettenkochen

Das bedeutet, daß man nicht nur für 1 Mahlzeit kocht, sondern eine ganze Kette von Verwendungsmöglichkeiten einplant.
Wer gleichzeitig für mehrere Mahlzeiten kocht, verringert die Arbeitszeit in Hinsicht der Nahrungszubereitung, Wartung und Nacharbeit. Gleichzeitig verringern sich dadurch die Energiekosten.
Hierfür kommen solche Nahrungsmittel, bzw. solche Gerichte in Frage, die sich ohne größere Qualitätsverluste vorrätig halten lassen.
In der Praxis sieht das so aus:
Sie kochen nicht nur 1 Tasse Reis, sondern 2 oder 3 Tassen. Für das gewünschte Gericht wird die Hälfte bzw. ein Drittel verwendet, der Rest kann an den folgenden Tagen als Suppeneinlage dienen oder die Grundlage für einen Reisauflauf,

Reissalat, für ein Pfannen- oder Currygericht oder für eine Reiscreme bilden.
Was für Reis gilt, gilt auch für Nudeln und Pellkartoffeln. Alle drei Nahrungsmittel lassen sich gut zugedeckt im Kühlschrank 3 - 4 Tage aufbewahren.

Doch sollte man beim Nudel- und Reiskochen daran denken, immer ein wenig Öl mit ins Kochwasser zu geben und nach dem Garen Nudeln und Reis abzuschrecken. Dadurch wird ein Verkleben des Gargutes verhindert, und bei Bedarf kann die gewünschte Menge ohne Probleme aus dem Vorrat entnommen werden.

Pellkartoffeln

Nach dem Kochen werden die Pellkartoffeln gut abgeschreckt und ausgekühlt mit der Pelle im Kühlschrank vorrätig gehalten. Doch nur Kartoffeln mit unbeschädigter Schale für mehrere Tage aufheben! Kartoffeln mit aufgesprungener Schale am Kochtag verzehren!

Fleischgerichte

Auch bei Fleischspeisen, die eine längere Garzeit erfordern, lohnt sich das Kochen auf Vorrat.
Steht ein Schmorbraten auf dem Programm, so können gleich in „einem Abwasch" ein 1 oder ein 2,5 kg schweres Bratenstück gebraten und geschmort werden. Sie verzehren von dem warmen Braten das Fleisch für eine Mahlzeit und schneiden den Rest in Bratenscheiben, und die werden portioniert samt der Soße für weitere Mahlzeiten eingefroren.
Das gleiche gilt für die Zubereitung von Hackfleischgerichten, Gulasch, Ragout.
Das fertig zubereitete Fleisch wird portionsweise in Plastikdosen gefüllt und eingefroren. Es hält sich mehrere Wochen.

Pizzas, Quiches und anderes pikantes Gebäck

Da sich pikantes Gebäck hervorragend einfrieren läßt, gehört es zum Standartvorrat unserer eiligen Köche.
Nach der Garzeit läßt man die Quiches oder Gemüsetarten in der Form erkalten. Danach werden sie in Alufolie eingeschlagen und eingefroren.

Pikantes Gebäck sollte man jedoch nicht länger als 5 Monate im Gefriergerät vorrätig halten.

Kochen, wenn man Zeit hat

Es ist immer gut, wenn man für „alle Fälle" einen wertvollen Vorrat besitzt. So kann man, wenn man keine Zeit hat, auf die Vorräte des Kühlschranks oder des Gefriergerätes zurückgreifen.
Geplant, eingekauft und vorbereitet wird meist an den freien Wochenenden, oder es wird dazu ein anderer freier Tag ausgenutzt.
Von Zeit zu Zeit regelrecht ausschweifend zu kochen, macht meistens viel mehr Spaß, als immer nur die üblichen kleinen Mengen zu garen.

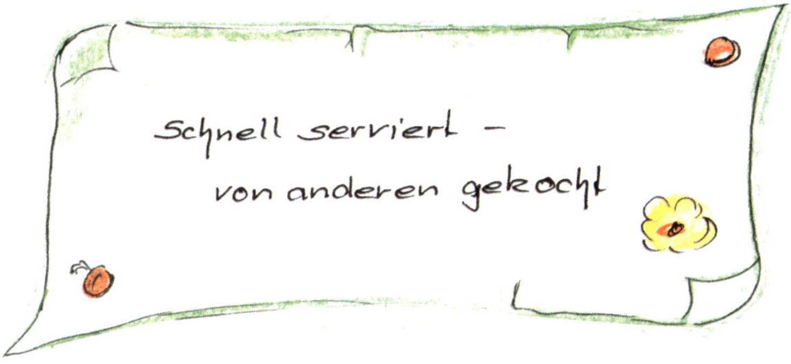

Die eiligen Köche lassen zur Abwechslung auch mal andere für sich kochen.
Der Metzger bietet z. B. fertige Schnitzel, Frikadellen oder Leberkäse an.

Zu Hause ergänzt man die mitgebrachten Speisen so, wie man es gerne hätte.
Alle 3 genannten Gerichte können als Beilage zu einer Hauptmahlzeit serviert werden. Oder man legt je 1 Scheibe Landbrot und Leberkäse in die mit Butter erhitzte Pfanne, brät die Scheiben von beiden Seiten kurz an, legt den Leberkäse auf das Brot und krönt das Ganze mit einem Spiegelei.
Zusammen mit einem Rohkostsalat wäre die Mahlzeit mit einem geringen Arbeitsaufwand komplett.
Frisch gebratene Koteletts oder Schnitzel schmekken zu Erbsen aus der Tiefkühltruhe oder aus der Dose.
Frikadellen serviert man gern zu Spätzle mit Tomatensoße.
Frisches Obst als Dessert kann das Menü hervorragend ergänzen.
Im Fischladen kauft man Fischfrikadellen, Brat- und Räucherfisch.
Die Grillstube bietetet gebratene Hähnchen und gegrillte Haxen an.
Zudem bietet die Tiefkühltruhe eine ganze Palette von Halbfertig- und Fertigprodukten an.
Wenn man erst einmal gemerkt hat, wieviel Zeit und Arbeit man wirklich einsparen kann, erkennt und entwickelt man schon selber viele neue Möglichkeiten.
Der Phantasie sind keine Grenzen gesetzt.
Neue Ideen immer gleich im Kochbuch notieren!

Die schnellen Salate

Salatportionen:

Pro Person rechnet man für 1 normale Portion:

Blattsalate:	50 - 100g
Gemüse als Rohkost zubereitet:	50 - 100g
Sättigende Salate:	ca. 200g

Blattsalate

Den ganzen Kopf nach Vorschrift waschen. Das Wasser durch Schwenken oder Schleudern entfernen. Drückt man es mit den Händen heraus, wird die zarte Zellstruktur zerstört. Die Blätter, die für den Vorrat bestimmt sind, ganz lassen, nicht in Stücke zupfen. In einer Plastikdose verpackt kann der Blattsalat im Kühlschrank ein paar Tage frisch gehalten werden. So vorbereitet ist er stets servierbereit.

Selbst wenn noch etwas Obst oder Gemüse den Blattsalat ergänzen soll, beträgt der Arbeitsaufwand bei der Zubereitung nur wenige Minuten.

Zarte Blattesalate erst bei Tisch mit Soße überziehen oder die Soße separat dazu reichen.

Rezepte für 1 Portion

Salatteller „Augustiner"

Teller mit Blattsalat belegen, mit
100 g Tomatenscheiben und
100 g grünen Salatböhnchen aus der Dose belegen, mit
4 Eivierteln umlegen.
Salatsoße zur Selbstbedienung servieren.

Salatteller „Dixi"

150 g Tomatenscheiben
60 g Maiskörner (Dose)
40 g Zwiebelringe auf einem Teller anrichten. Mit einer Vinaigrette (s. 98) überziehen.

Tomaten mit Paprika

100 g Tomaten in Scheiben u.
100 g Paprika in Streifen schneiden. Mit einer Vinaigrette überziehen.

Weitere Anregungen:

- Tomaten mit roten Bohnen,
- Tomaten mit Gurken,
- Tomaten mit Pilzen.

Paprika-Pilz-Salat

100 g Paprika in Streifen,
100 g Champignons blättrig schneiden,
1 El gehackte Petersilie. Mit Kräutersoße (s. 101) oder Vinaigrette anmachen.

Bagatelle

50 g Spargel aus der Dose,
100 g Champignonstücke,
100 g gekochte Möhrenwürfel. Mit
3 EL Joghurtsoße (s. 99) anrichten.

Abänderung: Eine Gemüseart kann durch Salatböhnchen ausgetauscht werden.

Bismarck

Den Teller mit
100 g kleingezupften Salatblättern belegen.
2 EL tischfertigen Rotkohl auf die Mitte legen. Mit
Joghurtsoße (s. 99) servieren.

Sättigende Salate

Rezepte für 1 Portion

Adlon

50 g Essiggürkchen und
50 g gek. Kartoffeln scheibeln,
50 g Äpfel würfeln
50 g Sellerieraspeln. Mit
2 El Remouladensoße mischen, evtl. etwas von dem Gurkenessig zugeben.

Aschenbrödel

100 g Kartoffel in Stifte,
50 g gek. Schinken in Streifen,
100 g Äpfel in Stifte schneiden,
100 g Spargelstückchen (Dose)
mit
2 El Kräutersoße (S. 101)
anrichten.

Der schnelle Nudelsalat

50 g gekochte Nudeln
50 g Mais (Dose)
50 g gek. Erbsen.
Mit
Remoulade und etwas Sahne anmachen.

Andalusien

100g gekochter Reis,
100g feine, gek. Erbsen,
1 Tomate scheibeln.
2 El Remouladensoße mit
2 El Milch verrühren, mit
den Salatzutaten vermischen.

Kartoffelsalat „Nizza"

100g gek. Kartoffeln
50g Oliven (gef. aus d. Glas)
50g Essiggürkchen,
1 Tomate. Mit Salat-
soße anrichten. (Siehe Seite 101).

Kartoffelsalat mit Gemüse und Ei

50g Sellerie (Dose)
50g gek. Schwarzwurzeln,
1 gek. Ei.
Alles würfeln und mit
Salatsoße anrichten.

Margarete

150g gek. Kartoffeln
50g Salatgurke
1 Tomate
2 El Krabben, mit
2 El Remouladensoße
mischen.

Vorschläge für Hauptmahlzeiten

Schnelle Suppen als Hauptgericht

Geeignete Ergänzungen zu Suppen:

- Salat als Vorspeise
- Toastbrot oder Brötchen zur Suppe
- Dessert je nach Belieben.

Rezepte für 1 Portion

Hühnersuppe mit Chinagemüse

½ l Hühnerbrühe (Instant) erhitzen.

½ Paket Chinagemüse, tiefgekühltes Gemüse, zugeben, aufkochen und ca. 5–7 Min. köcheln lassen.

Hühnersuppe mit Käse

½ l Hühnerbrühe (Instant) erhitzen.

1 Ecken Kräuterschmelzkäse mit etwas Brühe glattrühren, zu der Suppe geben.

4 El Gemüse zugeben, frisch oder tiefgekühlt, in der Suppe langsam garen lassen. Ganz eilige greifen zur Konserve.

Schnelle Käse-Creme Suppe

1 Schachtel „Helle Grundsuppe" mit ½ l Wasser verschlagen, erhitzen und köcheln lassen,

1½ Eckchen Schmelzkäse zugeben, glattrühren und abschmecken.

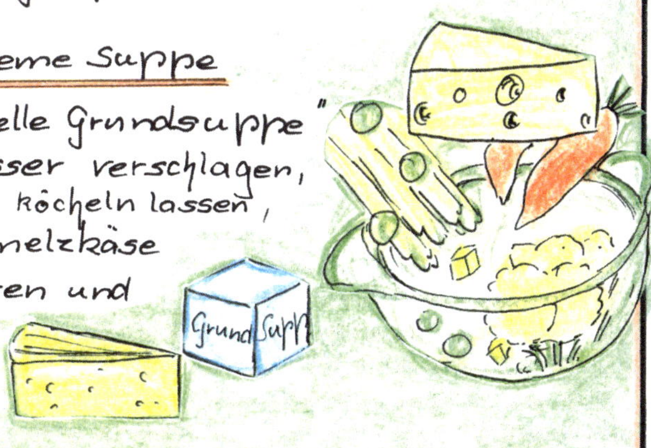

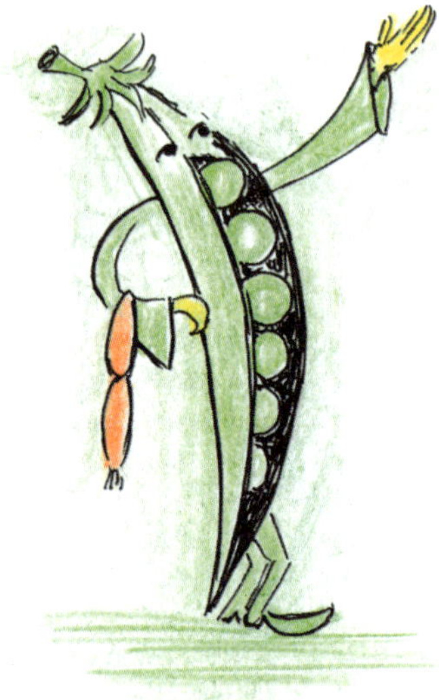

Erbsensuppe mit geraücherten Mettendchen

Den Inhalt
1 Schachtel feine Erbsensuppe in
1/2 l warmes Wasser einstreuen,
4 El junge Erbsen, TK-Kost, zug.
1 Mettendchen grob würfeln und zugeben. Laut Packungsanweisung garen.
Mettendchen etwas vorkochen.

Pürierte Erbsensuppe

150 g Erbsen, TK-Kost, mit
1/2 l Wasser zum Kochen bringen, garen, mit einem Mixstab pürieren wieder aufkochen.
1/2 Suppenwürfel und
2 El Restereis oder Expreßreis zufügen, etwas köcheln lassen und mit
Sahne abschmecken.

Tomaten-Erbsencreme-Suppe

1/2 Schachtel Tomatencreme-S
1/2 " feine Erbsen-Suppe
1 El Suppengrün, TK-Kost, in
1/2 l warmes Wasser einrühren.
Nach Packungsanweisung garen u. mit
1 El Schmand
verfeinern.

Tomatensuppe mit Krabben u. Champignons

1 kl Dose geschn. Champignons,
3/8 l Tomatensuppe lt. Packungsbeilage kochen. Pilzw. zugeben.
50 g Krabben abspülen und mit den Pilzen in der Suppe erhitzen. Mit Zitronensaft, Pfeffer u.
2 Tl Weinbrand abschmecken.

Fischsuppe

1/2 Beutel Fisch-Cremesuppe
2 El Suppengrün (TK-Kost) und
2 El Expreßreis in einen Topf füllen
1/2 l heißes Wasser unter Rühren zugeben. Ca. 15 Min. köcheln lassen. Zum Schluß
2 El Dosenspargel zufügen. Statt Expreßreis kann Restereis in die fertige Suppe gegeben werden

Currysuppe

1/2 Beutel Geflügel-Cremesuppe lt. Packung mit
3/8 l Milch zubereiten. Mit Curry abschmecken.
Spargel und Fleischklößchen aus der Dose als Einlage zugeben.

Lauchcreme - Suppe

4 El Lauchscheiben frisch oder TK - Kost in
1 El Öl 5 - 6 Min. andünsten,
3/8 l Wasser zufügen,
1/2 Packung Lauchcreme-Suppe einrühren, aufkochen lassen u. 15 Min. köcheln lassen. Vor dem Anrichten m.
1 El geriebenem Käse bestreuen.

Tomatensuppe mit Mettklößchen

1/2 Schachtel Tomatensuppe mit
1/2 l warmem Wasser verrühren und zum Kochen bringen. Von
75 g Bratwurstmett, kleine Klößchen formen, zur Suppe geben und garziehen lassen. Die Suppe mit 1 El Schmand verfeinern u. mit gehackter Petersilie bestreuen.

Kartoffel - Lauch - Suppe

100 g Lauchringe, frisch o. TK - Kost,
100 g Kartoffeln schälen, würfeln, zu
1/4 l Brühe (Instant) geben, garen, mit Salz und Pfeffer abschmecken.
75 g Leberkäse mit
1/2 gehackten Zwiebel in Butter leicht anbraten. Leberkäse würfeln, mit den Zwiebeln u. Kräutern zur Suppe geben.

Eintopf –

Star der gesunden Schnellküche

Ungarischer Paprika-Eintopf (2-3 Personen)

2 grüne Paprikaschoten in Streifen schneiden.
2 Zwiebeln und
2 Knoblauchzwiebeln fein hacken.
2 Räucherwürstchen scheibeln.
1/2 Bund Suppengrün klein schneiden
2 El Öl in einem Topf erhitzen.
Zwiebeln und Suppengrün darin dünsten, Paprikastreifen dazugeben.
1 kl. Dose weiße Bohnen in ein Sieb schütten, abtropfen lassen
1 kl Dose geschälte Tomaten zerkleinen, und beides zum Gemüse geben. Mit
125 ml Fleischbrühe auffüllen, zum Kochen bringen. Das ganze Gemüse, mit den Würstchen 20 Min. köcheln lassen. Mit
Tomatenketchup, Tabasco, Salz, Pfeffer, Paprikapuder und Zucker abschmecken. Mit Schnittlauchröllchen bestreut servierieren. Dazu schmeckt Bauernbrot.
Arbeitszeit: ca. 45 Min.

Bohneneintopf mit Fleischwurst (2 Personen)

50g durchwachsenen Speck und
2 Zwiebeln würfeln. Speckwürfel in einen Topf geben und in
1 El Öl auslassen, Zwwiebeln zugeben, glasig dünsten, mit
1 El Mehl bestäuben, kurz anschwitzen und mit knapp
1/2 l Rinderbrühe (Instant) ablöschen. Unter Rühren aufkochen lassen.
1 kleine Dose rote Bohnen und
1 kleine Dose grüne Salatböhnchen auf ein Sieb schütten, abspülen, abtropfen lassen u. zur Brühe geben.
200g Fleischwurst in Streifen schneiden, zum Eintopf geben. 10 Min. köcheln lassen. Mit
Salz, Zucker, Pfeffer und Essig würzen, mit Bohnenkraut bestreuen.

Zubereitungszeit: ca 20 Min.

Eintopftips

Zum Anbraten von Fleisch und Wurzelwerk gebraucht man stets eine starke Hitze. Zum Garen läßt man das Gericht bei geringer Wärmezufuhr köcheln. Bis zum Verzehr sollte er 1-2 Stunden durchziehen. Jeder Eintopf kann nach Geschmack und Bedarf variiert werden.
Eintöpfe ohne Kartoffelzugabe lassen sich wunderbar einfrieren.

Pilztopf mit Suppengemüse und Nudeln

3-4 Portionen

1	halbierte Zwiebel u. 1/2 Lorbeerblatt in
3/4 l	kochende Fleischbrühe geben.
400 g	mageres Rindfleisch darin gar kochen, Fleisch aus der Brühe nehmen, nach Belieben durchseihen. Suppe wieder zum Kochen bringen.
250 g	tiefgekühltes Suppengemüse,
125 g	halbierte Champignons und
75 g	Bandnudeln einstreuen. Das Gericht weitere 15 Min. köcheln lassen. Zwischendurch das Rindfleisch in mundgerechte Stücke schneiden und dazugeben. Mit feingewiegter Petersilie bestreut servieren.

Garzeit des Rindfleisches ca. 1 1/2 Std.. Zubereitungszeit ohne Wartezeit etwa 20 Minuten.

Linsen - Tomaten - Eintopf (2 Personen)

200g Tomaten mit kochendem Wasser überbrühen, häuten, in Spalten schneiden und entkernen.
1 gelbe Paprikaschote in Stücke schneiden.
1 Dose Linsen (530g) auf ein Sieb geben, abspülen und abtropfen lassen.
70 g Frühstücksspeck oder durchwachsenen Speck und
1 Zwiebel würfeln. Speck in einen Topf geben, in
15g Butter auslassen. Zwiebel zugeben und glasig dünsten.
1 El Mehl und
1 1/2 El Tomatenmark darin anschwitzen, mit fast
1/2 l Rinderbrühe ablöschen. Unter Rühren aufkochen und 10 Minuten weiter köcheln lassen. Dann die Tomatenspalten u. die Blätter von
1 Bd. glatter Petersilie zugeben. Kräftig mit
Salz, Pfeffer, Essig und Zucker würzen.

Zubereitungszeit: ca. 40 Minuten.

Erbsensuppe nach Hausfrauenart

2 Personen

200-250g Erbsen aus der Dose in
1/2 l klare Hühnerbrühe aufkochen,
1 große geschälte, gewürfelte Zwiebel, je
1/2 Tl Majoran,
Thymian und
1 Nelke zugeben.
Alles 10 Minuten köcheln lassen, dann abschmecken.
80g durchwachsen Speck würfeln und in
1 El Öl kroß ausbraten.
Erbsen mit dem elektrischen Pürierstab pürieren, den gebratenen Speck unterrühren und noch einmal abschmecken.
Die Suppe mit Brühwürstchen servieren.
Sie eignet sich auch als Partysuppe.

Zubereitungszeit: ca. 25 Min.

Hähnchentopf mit Gemüse und Nudeln

(2 Personen)

1 Stange Lauch in Ringe,
150g Chinakohl in Streifen,
1 rote Paprika in grobe Würfel und
250g Hähnchenfleisch in mundgerechte Stücke schneiden,
Hähnchenfleisch in einem Topf in
20g Butterschmalz anbraten, Paprika zugeben und
5 Minuten braten. Mit
Salz und Sojasoße würzen.
1/2 l Hühnerbrühe (Instant) zugießen, aufkochen.
6 El Wasser mit
1 1/2 Tl Speisestärke anrühren, einrühren und die
Brühe damit binden. Lauch und
30g grüne Bandnudeln zufügen. Etwa 10 Min.
Köcheln lassen. Wenn die Nudeln fast gar
sind, Chinakohl hinzufügen, ein paar Minuten
köcheln lassen. Mit
Salz und Sojasoße abschmecken.
Zubereitungszeit: ca. 40 Minuten.

Gemüsetopf für 2 Personen

25 g Frühstücksspeck würfeln, in einen Topf geben und zerlassen.
1 kleine, gehackte Zwiebel darin glasig dünsten.
½ Paprikaschote und
1 Knoblauchzehe fein würfeln oder hacken.
½ Tl Oregano zerreiben.
40 g gekochten Schinken fein würfeln, zusammen
mit ½ Lorbeerblatt zu dem Zwiebelgemisch geben.
¼ l Fleischbrühe dazugießen.
1 El Tomatenketchup zufügen, alles verrühren und 10 Min. stürmisch sieden lassen.
Inzwischen
200 g Wirsingkohl in Streifen schneiden,
200 g Möhren scheibeln,
150 g Tk-Erbsen antauen lassen. Das Gemüse in den Topf geben, wieder zum Kochen bringen und 30 Min unter gelegentlichem Umrühren köcheln lassen. Abschmecken. Dazu können Nudeln, Kartoffeln oder Brot serviert werden.

Zubereitungszeit: ca. 40 Minuten.

Hähncheneintopf mit Mais und Erbsen

250g Hähnchenbrustfilet in ca. 2x2 cm große Stücke schneiden und rundherum in heißem Butterschmalz anbraten.
1 rote Chilischote aufritzen, entkernen, fein würfeln, zugeben u. das Fleisch etwas salzen.
20g Butter in einem Topf erhitzen,
1El Mehl und knapp
1El Currypulver zugeben und darin anschwitzen. Mit
1/2l Hühnerbrühe (Instant) auffüllen.
75g Crème fraiche zugeben. Unter Rühren aufkochen lassen. Mit
Salz, Zucker und Zitronensaft würzen.
1/2 Packung TK-Erbsen, 150g) in die Soße geben und köcheln lassen.
1 Dose Mais abtropfen lassen und mit dem Fleisch in die Soße geben. 8 Min. leise köcheln lassen.

Zubereitungszeit: ca. 30 Minuten. (2 Personen)

Champignon - Chinakohl - Eintopf mit Lachsschinken

f. 1-2 Personen

250 g frische Champignons blättrig schneiden.
250 g Chinakohl grob zerschneiden, kurz waschen.
1 kleine Zwiebel grob hacken, in
1 El Öl andünsten.
100 g gewürfelten Lachsschinken mitbraten, danach das Gemüse zugeben, unter Wenden etwas dünsten, dann
1/4 l Brühe zugießen. Mit Sojasauce, Salz und Pfeffer würzen, bzw. abschmecken.
20 Min. leise köcheln lassen, mit Schnittlauchröllchen bestreuen.

Varianten: Statt Chinakohl Wirsing, Weißkohl oder Lauch einsetzen. Zubereitungszeit ca. 20-30 Min.
· Mit etwas Schmand verfeinern.

Serviervorschlag: Ein sättigender Nachtisch.

Wenn's besonders schnell gehen soll:

Gemüseauflauf mit Schinken und Käse

f. ca. 3 Personen

300 g Tiefkühl-Sommergemüse in einem Topf mit nur sehr wenig Wasser bei starker Hitze ankochen und langsam in 15-16 Min. garköcheln. In der Zwischenzeit
200 g gkochten Schinken und
150 g Gouda würfeln.
Das Gemüse dann abwechselnd mit Schinken und Käse in eine gefettete feuerfeste Form schichten.
3 Eier und
1/8 l Milch verschlagen mit
Salz und Pfeffer abschmecken, über das Gemüse gießen und mit
2-3 El geriebenem Käse überstreuen.
Den Auflauf bei etwa 220° 8 Minuten mit aufgelegtem Deckel garen. Anschließend ohne Deckel 4-5 Min. weitergaren. Mit Kartoffelklößen oder Reis servieren.

Zubereitungszeit: ca. 30 Min.

Schwarzwurzel - Gratin

für 2 Personen

400g Schwarzwurzel aus dem Glas abtropfen lassen, in 4-5cm lange Stücke und
100g gekochten Schinken in 1cm breite Streifen schneiden.
6 Kirschtomaten halbieren.
125g Gorgonzola klein würfeln.
Die Schwarzwurzeln in eine feuerfeste Form füllen, den Schinken darauf verteilen.
100g Schlagsahne oder Milch mit
1 Ei verschlagen, mit wenig
Salz, Pfeffer und Muskat würzen. Die Käsewürfel unterheben
über das Gemüse gießen. Tomatenhälften darauf verteilen. Mit
1 El Haselnußblätter überstreuen. Im vorgeh. Backofen 40 Min. bei 200° goldgelb überbacken. Zubereitungszeit ohne Wartezeit: ca. 15-20 Min.

Reisauflauf mit Hähnchen

2 Portionen

1 Zwiebel würfeln, in einem Topf mit
15g Butter glasig dünsten.
100g Langkornreis einrühren.
350g Gemüsebrühe zugießen, etwa 25 Min. bei mittlerer Hitze ausquellen lassen.
200g Tomaten überbrühen, abschrecken, häuten, halbieren, Kerne entfernen, würfeln u. zum Reis geben. Reis abschmecken.

Hähnchenragout

1 Stengel Estragon, Blättchen fein hacken.
20g Butter erhitzen, mit 20g Mehl bestäuben, mit
300g Milch und 100g Schlagsahne ablöschen, 3-5 Min. köcheln lassen, mit
Salz, Pfeffer, Estragon, Zitronensaft würzen, abkühlen lassen.
200g TK-Lauch in 1/4 l kochendem Salzwasser blanchieren, gut abtropfen lassen.
60g Mozzarella-Käse in dünne Scheiben schneiden.
200g Hähnchenbrustfilet würfeln, in Öl rundherum anbraten, mit Salz u. Pfeffer würzen, in die Soße geben.

Nacheinander in eine Auflaufform füllen: Reis, Ragout, Lauchringe, Mozzarella. 40 Min. bei 200° backen. Vor dem Anschneiden 5 Min. ruhen lassen.

Hackfleischsoße mit Salat der Saison

1 Portion

50g Reis oder Nudeln garen und mit
einer Hackfleischsoße servieren.

Hackfleischsoße

100g Hackfleisch in
10g Öl anbraten,
1 Tl Tomatenmark und
1/2 gewürfelte Zwiebel zugeben und kräftig durchbraten, mit
1 Tl Mehl überstäuben, durchbraten, mit
1/8 l Wasser auffüllen, kurz durchschmoren lassen,
1 kleine Gewürzgurke würfeln, zugeben. Mit
1/2 El Schmand, Salz und
1 Prise Zucker abschmecken.

Serviervorschlag

Salat und 1 Tasse Buttermilch.

Past'asciutta mit Spaghetti

1 Portion

60 g Spaghetti in Salzwasser kochen, über ein Sieb schütten, zurück in den Topf geben, und mit etwas Butter vermischen.

Past'asciutta:

15 g durchwachsenen Speck würfeln und auslassen.
1 gewürfelte Zwiebel zugeben, goldgelb rösten.
1 Tl Tomatenmark,
1 El zerriebene Trockenpilze,
1 Stück Lorbeerblatt, Salz,
100 g Hackfleisch und
3-4 El Wasser zugeben, gut durchrühren und etwa 5 Min. köcheln lassen, abschmecken.
Das angerichtete Hackfleischgericht mit
1-2 Tl geriebenem Käse überstreuen.

Serviervorschlag: ein leichter Salat, Obst als Dessert.

Lauchreis mit Hackfleisch

für 1 Portion

50 g	Reis in leichtem Salzwasser körnig kochen.
250 g	Porree putzen, waschen, in feine Ringe schneiden,
1 kleine	Zwiebel würfeln, in
10 g	Butter goldgelb rösten,
125 g	Hackfleisch zugeben, gut durchbraten, dann das Gemüse zugeben, kurz mit durchbraten lassen,
½	Tasse Wasser angießen, mit
Salz	und Pfeffer würzen. Bei schwacher Hitzezufuhr langsam garen. Vor dem Anrichten den gegarten Reis unterheben. Noch einmal abschmecken. Ein Dessert vervollständigt das Menü.

Gemüse
mit Schinken-Käse-Soße

f. 2 Portionen

400-500g Gemüse, Blumenkohl, Rosenkohl, Brokkoli oder Porree in wenig Salzwasser kochen und über ein Sieb schütten, abtropfen lassen, warm halten.

20g Butter in einem Topf erhitzen,
20g Mehl anschwitzen.
1/4l Gemüsewasser und
1/8l Milch unter Rühren zugeben.
1/2 - 1 Eckchen Sahne-Schmelzkäse zur Soße geben, unter Rühren auflösen. Mit
Salz, Pfeffer, Muskat, evtl. mit etwas gekörnte Brühe abschmecken.
2 Scheiben Kochschinken gewürfelt zugeben.
Die Soße über das warmgehaltene Gemüse geben.
Mit Reis oder Kartoffeln servieren.

Gemüseragout mit Mettklößchen

1 Portion

300 g Spargel, Blumenkohl oder Kohlrabi.
Das Gemüse zerkleinern - Blumenkohl in Röschen teilen, Spargel in Stücke und Kohlrabi in Stifte schneiden. In wenig Salzwasser gar kochen, (etwa 1/4 l).

80 g Bratwurstmett oder abgeschmecktes Gehacktes zu walnußgroßen Klößchen formen. Nach etwa 10 Min. Garzeit des Gemüses die Klößchen zugeben und weitere 5-10 Min. bei geschlossenem Topf garziehen lassen.

Soße:

1/8 l Gemüsewasser in einen kleinen Topf gießen,
1/2 Schächtelchen „Holländische Soße" mit dem Schneebesen einrühren, aufkochen lassen.

Mit Schmand oder Sahne verfeinern. Abgetropftes Gemüse und Klößchen in die Soße geben, mit Petersilie überstreuen.

Bechamelkartoffeln mit Kochschinken (1 Portion)

250 g Pellkartoffeln dämpfen, pellen.
1 kleine Zwiebel hacken, in
10 g Butter goldgelb dünsten,
2 Tl Mehl anschwitzen,
5 El Brühe und 5 El Milch unter Rühren zugießen, mit
Salz, Muskat, ein wenig Brühwürfel und
Sahne abschmecken.
80 g Kochschinken würfeln, Kartoffeln scheibeln, in die Soße geben, durchziehen lassen, nochmals abschmecken.

Dazu schmecken Gewürzgürkchen.

Leberkäse mit Kartoffelbrei

125 g Leberkäse kurz anbraten. Kartoffelbrei von
30 g Kartoffelpüreepulver und
1/16 l Milch bereiten.

Serviervorschlag: Sauerkrautsalat

Die schnellen Gerichte aus der Pfanne

Buttermilchpfannkuchen

2 Portionen

2 Eier verquirlen, gut
1/4 l Buttermilch und
1 Prise Salz unterrühren.
150 g Mehl darunterschlagen.
Den Teig 10 - 15 Minuten ruhen lassen.
In einer gefetteten Pfanne nach und nach Pfannkuchen abbacken.

Mit Preiselbeerkompott oder anderem Obstkompott servieren.

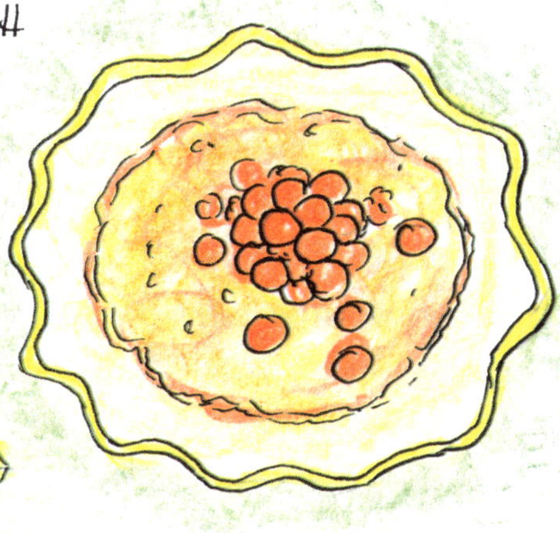

Pfannkuchen, gefüllt mit Champignons

4 Portionen

250 g	Mehl,
1/4 l	Milch,
1/8 l	Mineralwasser,
4	Eier und etwas
Salz	Alle Zutaten zu einem glatten Teig verquirlen. Den Teig etwa 1/2 Stunde ruhen lassen.

Für die Füllung

75 g	durchwachsenen Speck und
2	kleine Zwiebeln würfeln, in einer Pfanne in
20 g	Butter glasig dünsten.
400 g	frische, in Scheiben geschnittene Champignons und
2 El	gehackte Petersilie zugeben und das Ganze 5 Min. dünsten lassen. Warm stellen.

Aus dem Teig nach und nach Pfannkuchen abbacken und mit der Pilzmasse füllen.

Kartoffelpfannkuchen mit Speck

f. 2 Portionen

500g festkochende geschälte Kartoffeln grob raspeln, auf ein Sieb geben und die Flüssigkeit leicht herausdrücken.
1/2 Zwiebel und
75g durchwachsenen Speck fein würfeln und ohne Fettzugabe braten. Zu den Kartoffelraspeln geben, mit
Salz, Pfeffer und Muskat würzen. Je nach Größe
1-2 Eier,
5 El Buttermilch und
25g Mehl verquirlen, mit der Kartoffelmischung verrühren. Etwas Fett in einer beschichteten Pfanne erhitzen und aus dem Teig nacheinander 4-6 Pfannkuchen backen.
Mit Schnittlauch bestreut servieren.
Dazu Apfelkompott reichen.

Spanische Gemüsetortilla

2 Portionen

2 Zwiebeln schälen u. würfeln,
2 rote Paprika putzen, in dünne Streifchen schneiden.
250g frische Champignons blättrig schneiden.
30g Butterschmalz in einer Pfanne erhitzen. Das vorbereitete Gemüse hineingeben und unter häufigem Wenden 5 Min. dünsten.
3 Eier und
3 El Sahne in einer Schüssel verschlagen. Mit
Salz, Pfeffer und Paprika würzen.
Die Eiermilch über das Gemüse gießen. Pfannendeckel auflegen. Herd zurückschalten. Die Eier etwa 3 Min. stocken lassen.
Gemüsetortilla auf eine Platte schieben, mit gehackter Petersilie überstreuen.
Dazu paßt ein leichter Salat.

Ungarische Reispfanne

2 Portionen

125 g Langkornreis in
1/4 l kochendem Wasser ausquellen lassen u. garen.
125 g Fleischwurst in dünne Scheiben schneiden.
125 g Champignons scheibeln, 1/2 Zwiebel hacken.
100 g durchwachsenen Speck würfeln und in einer Pfanne auslassen.

Wurst und Zwiebel zugeben. Wenn die Zwiebel glasig ist, die Pilze und
1 Tl Paprikapulver zugeben, und alles unter Rühren 5 Minuten braten.

50 g Gewürzgürkchen fein würfeln,
1/2 Bd. Petersilie fein hacken.

Alles in die Pfanne geben, Reis untermischen und das Gericht mit
Salz und Paprika abschmecken.

Brokkoli - Eierpfanne

f. 2-3 Portionen

ca. 350 g	Brokkoli in Röschen teilen, Stiele scheibeln, in kochendes Salzwasser geben, etwa 8-10 M. köcheln lassen, auf ein Sieb schütten und abtropfen lassen.
2-3	Würstchen in Scheiben schneiden.
1	Zwiebel hacken.
2 El	Öl in einer Pfanne erhitzen. Zwiebeln und Würstchen darin anbraten.
2 Tl	Tomatenmark unterrühren und die abgetropften Brokkoliröschen zugeben. Mit
1 Pr.	Pfeffer würzen.

Eiermilch:

3	Eier und
3 El	Milch verquirlen. Mit etwas
Salz,	Pfeffer und Muskat würzen.

Zugedeckt, bei milder Wärmezufuhr, die Eiermilch stocken lassen. Mit gehackter Petersilie bestreuen. Statt Brokkoli und Wurst kann Blumenkohl u. gekochter Schinken eingesetzt werden. Den gew. Schinken zur Eiermilch geben.

Käse - Spaghetti

2 Portionen

200 g	Spaghetti in Salzwasser nicht zu weich kochen. Danach die Spaghetti auf ein Sieb schütten, mit heißem Wasser übergießen, abtropfen lassen. Inzwischen
10 g	Butter in einer Pfanne erhitzen, und darin
70 g	gewürfelten durchwachsenen Speck anbraten.
1/8 l	Sauerrahm zufügen, kurz aufkochen lassen und die Pfanne vom Herd ziehen.
2	Eier,
4 El	geriebenem Emmentaler Käse und
1-2 El	feingehackte Petersilie verquirlen. Mit
Salz	und Pfeffer würzen.

Die Pfanne wieder auf den Herd stellen, die Spaghetti hinzufügen und die Eier-Käse-Kräutermasse darübergeben; kurz unter Wenden stocken lassen.
Käsespaghetti mit einem leichten Salat servieren.

Bratwurst mit schneller Soße

1 Bratwurst von ca. 150 g (1 Portion).
Damit Bratwürste nicht platzen, legt man sie zusammen mit ein wenig kaltem Wasser in die Pfanne, gibt 1 Stich Butter hinzu und erhitzt sie langsam. Ist das Wasser verdunstet, setzt automatisch der Bratprozeß ein. Man läßt sie von jeder Seite ein paar Min. braten.

Schnelle Soße für 4 Portionen

Zu ½ l kaltem Wasser gibt man
1 El Mehl, 1 Brühwürfel, ½ gehackte Zwiebel,
1 Tl Senf und 1 Tl Tomatenmark.
Die Zutaten werden zusammen verschlagen und zu den Bratwürsten in die heiße Pfanne gegeben. Aufkochen lassen und danach den Herd abschalten.

Die Soße erst kurz vor dem Verzehr aus der Pfanne nehmen. Möchte man die Würste kroß haben, brät man die Würste vor dem Servieren noch einmal kurz in Butter durch.

Überbackener Leberkäse

pro Portion

1 etwas dickere Scheibe
Leber- oder Fleischkäse in wenig
Fett in einer Pfanne von beiden Seiten anbraten.
1/2 Zwiebel in Ringe schneiden und mitbraten.
1 Scheibe Gouda-Käse auf den Leberkäs legen, den Pfannendeckel auflegen. Das Gericht ist fertig, wenn der Käse anfängt zu schmelzen.
Mit Zwiebelringen und Zigeunersoße anrichten (ca. 8 Min. Zubereitungszeit).
Serviervorschlag: Vollkornbrot und Salat.

Schinkensteak mit Erbsen und Klößen

f. 1 Portion

130g Erbsen (tiefgekühlt oder Konserve) - die gegarten Erbsen in
5 g Butter schwenken und mit etwas gekörnter Brühe abschmecken.
2-3 kochfertige Klöße garziehen lassen.
Für das Schinkensteak
1 dicke Scheibe gekochten Schinken in einen Eierteig tauchen. In heißem Fett von beiden Seiten anbraten.

Schinken - Sellerie - Steak

1 Scheibe Schinken und
1 Selleriescheibe aufeinanderlegen, in Eierteig tauchen und braten.

Eierteig: 20 g Mehl, ½ Ei, 1-2 El Milch, 1 Pr. Salz miteinander verrühren.

Frikadellen mit Möhren

2 Portionen

1/2 altbackenes Brötchen in Stücke teilen und in etwas Milch einweichen.
1/2 Zwiebel sehr fein hacken und in
1 El Öl glasig dünsten.
125g Möhren sehr fein raspeln,
250g Hackfleisch in eine Schüssel geben.
Das gut ausgedrückte Brötchen, Zwiebel, Möhren,
1 Ei,
1/2 Tl gemahlenen Kreuzkümmel, Pfeffer und
Salz zufügen.
Alles miteinander vermengen und sehr kräftig abschmecken.
Aus der Masse 4 Frikadellen formen und in Öl braten.

Hackklöße in pikanter Soße

4 Portionen

300 g gemischtes Hackfleisch
3 El Semmelmehl, 5 El Sahne,
1 kleine, gehackte Zwiebel,
1 Ei, 1 Tl Speisestärke.

Aus den Zutaten einen Hackfleischteig bereiten, mit etwas Salz u. Pfeffer abschmecken.

1 l Wasser mit 1 Brühwürfel, 1 gehackten Zwiebel u.
1 El Kapern zum Kochen bringen. Aus dem Hackteig Klößchen formen und in die kochende Brühe geben. Garziehen lassen, bis die Klöße aufsteigen, dann herausnehmen. 3/8 l von der Brühe in einem Töpfchen zum Kochen bringen.

1 El Mehl mit kaltem Wasser anrühren und in die Brühe einrühren. Etwas köcheln lassen. Mit
Senf u. Tomatenmark abschmecken. Die Klößchen in der Soße anrichten.

Dazu schmeckt warmes Gemüse wie Porree, Möhren, Brokkoli.

Hackfleischbällchen.

Aus dem gleichen Hackteig können Bällchen geformt u. in der Pfanne gebraten werden. Wer Wert auf Soße legt, kann sie, wie unter dem Rezept „Bratwurst" angegeben, zubereiten.

Käseschnitzel 1 Portion

1 handliche Scheibe Emmentaler-Käse, 1cm dick schneiden in
1 verquirltem Ei und danach in Semmelbröselnwälzen.
In einer Pfanne in heißem Fett knusprig ausbraten, abtropfen lassen, mit ca.
3 Mandarinenspalten belegen, leicht mit Ingwer bestauben und sehr heiß servieren.

Serviervorschlag:

Zusammen mit Stangenbrot und einem leichten Salat ergeben sie ein kleines Abendessen.
Je Person rechnet man 2 Käseschnitzel.
Werden sie auf einem Buffet angeboten, ist das Mengenangebot entsprechend kleiner.

Gebackener Camembert

2 Portionen

2 Eier mit 1/2 Tl Paprikapuder auf einem Teller verquirlen.

4 EL Paniermehl mit auf einem anderen Teller mit etwas Pfeffer vermischen.

4 halbe Camembert zuerst durch das Ei ziehen, dann in Paniermehl wenden.

2 El Butter in einer Pfanne erhitzen, Camembert hineingeben.
Bei mittlerer Hitze auf beiden Seiten leicht anbräunen. Deckel aufsetzen und bei schwacher Hitze ca. 4-5 Min. garen lassen.

Serviervorschlag:
Mit 1/2 Scheibe geröstetem Toastbrot, 1/2 oder 1/4 Birne, 1 Klecks Preiselbeermarmelade auf 1 Zitronen-oder Orangenscheibe servieren.
Je nach Belieben kann zudem noch ein Salat, z. B. ein Waldorfsalat, gereicht werden

Ananasscheiben mit Schinkencreme

4 Portionen

4 große Ananasscheiben auf ein Sieb geben, abtropfen lassen.
100g gekochten Schinken würfeln.
100g Käse (Gouda, Schweizer oder Edamer) reiben oder sehr fein würfeln.
Schinken und Käse mit
1 Ei vermischen.
Die Ananasscheiben unter dem vorgeheizten Grill erwärmen. Mit der Käsemasse bestreichen und grillen, bis der Käse schmilzt.

Als Beilage Toasbrot reichen. Möchte man das Gericht vervollständigen, so reicht man vorher eine gebundene Suppe.

Variante: Die Ananasscheiben einseitig in einer Pfanne in Butter braten, umdrehen, Käsecreme auf die gebratene Seite der Ananasscheibe legen, Pfannendeckel auflegen und so lange braten, bis der Käse schmilzt.

Das hohe Lied der Bratkartoffeln

Wo die Zitronen blühn im fernen Süden,
Reift die Orange voller Herrlichkeit.
Ihr Dichter, lasset mich damit in Frieden,
Der Bratkartoffel sei mein Lied geweiht.

Die Kokosnuß erzählt von hohen Palmen
Romanzen aus der Tropenkolonie.
Wenn hier daheim Kartoffelpuffer qualmen,
Das nenn ich Weihrauch – das ist Poesie.

Fred Endrikat

Für herzhafte Bratkartoffeln sind festkochende Kartoffelsorten gefragt.

Bratkartoffelrezepte aus gekochten Kartoffeln

Wenn möglich, hierzu Pellkartoffeln vom Vortag einsetzen.

Bratkartoffeln ohne Zusätze können mit leichten Salaten, eingelegten Gurken oder mit anderem Sauergemüse und Hering, oder Rollmops, Eiergerichte oder mit einem Gemüsedip zu einem vollwertigem Hauptgericht ergänzt werden.
Für Gemüsedip siehe Rezeptangaben

Kartoffeln mit Zwiebeln   1 Portion

20 g Fett in einer Pfanne erhitzen
200 - 250 g Kartoffeln scheibeln, kurz anbraten
1 gehackte Zwiebel zugeben, weiterbraten, bis die gewünschte Bräune erreicht ist.

Rezepte für 1 Portion

Bauernfrühstück

250 g Pellkartoffeln scheibeln,
1 kleine Zwiebel hacken,
100 g Fleischwurst würfeln, alles in
1 El Öl oder in Butter anbraten,
1 Ei mit 1 El Milch verquirlen, leicht salzen, über das Pfannengericht gießen. Mit Pfeffer würzen, mit Petersilie u. Schnittlauch überstreuen. Serviervorschlag: Tomaten- u. Gurkensalat.

Bratkartoffeln mit Speck

100 g durchwachsenen Speck in kleine Würfel schneiden, mit etwas Fett glasig dünsten,
250 g Pellkartoffeln vom Vortag scheibeln, in die Pfanne geben
1 Zwiebel würfel zugeben, Kartoffeln und Zwiebel braten. Mit Salz, Pfeffer, Knoblauch, Majoran und Schnittlauch würzen.
Mit einem grünen Salat servieren, und als Dessert eine Tasse Buttermilch reichen.

Bunte Kartoffelpfanne - 3 Portionen

750g Kartoffeln am Vortag in Salzwasser kochen, abschrecken und pellen.
Die Kartoffeln in Scheiben schneiden,
200g Champignons putzen, halbieren.
2 Tomaten überbrühen, abschrecken, pellen, in grobe Stücke schneiden.
1 Bund Lauchzwiebeln in Scheiben schneiden.
70g durchw. Räucherspeck würfeln, in einer Pfanne knusprig braten, herausnehmen. Von
2 ungegarten Bratwürsten Wurstbrät aus der Haut drücken, zu Klößchen formen, im Speckfett unter Wenden goldbraun braten.
Lauchzwiebeln zugeben etwa 3 Min. mitbraten, Klößchen und Gemüse herausnehmen.
2 El Öl in einer Pfanne erhitzen. Kartoffeln, Champignons unter Wenden ca. 10 Min. braten, Bratklößchen, Lauchzwiebeln u. Tomaten zugeben und nochmals ca. 5 Min. garen. Mit Salz und Pfeffer würzen, mit geh. Thymian überstreuen. Mit einem pikanten Dip servieren.

Überbackene Kartoffeln mit Bratwurstbrät

1 Portion

250 g Pellkartoffeln pellen, scheibeln und in eine gefettete Auflaufform füllen
100 g Bratwurst, das Brät aus der Pelle drücken, mit der Gabel zerpflücken u. über die Kart. geben.
1 gewürfelte Zwiebel darüberstreuen.
100 g Sahne mit Salz, Pfeffer, Majoran und ein wenig Thymian würzen, darübergießen. Mit
Käse bestreuen und ein paar Butterflöckchen aufsetzen. Im vorgeh. Backofen ca. 20 Min. bei 220° überbacken.

Serviervorschlag: Mit Rohkost - oder Blattsalate oder mit Gemüse der Saison servieren.

Gemüse - Bratkartoffeln

2 - 3 Portionen

Am Vortag

750g Kartoffeln in Salzwasser mit 1 Tl Kümmel kochen, abschrecken und pellen.

Kartoffeln scheibeln.

1 rote Paprika und

2 Bd. Lauchzwiebeln putzen, waschen, in Stücke schneiden.

80g durchwachsenen Speck würfeln und in einer Pfanne knusprig braten. Speckwürfel aus der Pfanne nehmen.

1 El Öl im Speckfett erhitzen.

Kartoffeln, Paprika und Zwiebeln in die Pfanne geben und ca. 10 Min. unter häufigem Wenden braten. Zum Schluß die Speckw. wieder zufügen.

Mit Salz und Pfeffer würzen.

Mit Spiegeleiern servieren.

Überbackene Kartoffelpfanne

3-4 Portionen

1 Kg Kartoffeln schälen und in Scheiben schneiden
2-3 El Butter in einer Pfanne erhitzen, ein wenig Wasser zugeben, und die Kartoffelscheiben unter mehrmaligem Wenden ca. 10 Min. dünsten. Inzwischen
2 rote Paprikaschoten putzen, in Streifen schneiden, zu den Kartoffeln geben und in weiteren 5 Minuten mitgaren.
100g Räucherschinken würfeln und zugeben. Solange braten lassen, bis die Kartoffelscheiben gar sind.

Guß:

3 Eier mit
200 ml Milch verquirlen, mit
Salz, Pfeffer, Majoran oder Kräuter der Provence abschmecken. Eiermilch über die Kartoffeln gießen und stocken lassen.

Bratkartoffeln mit Wurst und Zucchini

3-4 Port.

750g	Pellkartoffeln pellen, in Scheiben schneiden,
2	dicke Zwiebeln dünn scheibeln,
2	Knoblauchzehen fein hacken,
200g	grobe Mettwurst in kleine Würfel schneiden, ca.
300g	Zucchini waschen, in dünne Scheiben schneiden.
5-6 El	Öl in einer großen Pfanne erhitzen, Kartoffeln darin unter Wenden knusprig braun braten. Mit
Pfeffer,	und vorsichtig mit Salz würzen. Aus der Pfanne nehmen und zur Seite stellen. Zwiebeln, Knoblauch, Wurst und Zucchini im Bratfett unter Wenden ca. 7 Min. braten. Bratkartoffeln unterheben, abschmecken. Die angerichteten Bratkartoffeln mit Schnittlauchröllchen überstreuen.

Serviervorschlag:
Rohkostsalat.

Schnelle Gerichte mit Fisch

Fisch auf Blattspinat (1 Person)

200g Fischfilet, Scholle, Rotbarsch oder Kabeljau säubern, säuern, etwas stehen lassen, salzen, in Mehl wenden u. von beiden Seiten kurz anbraten.

150g TK-Blattspinat erhitzen, mit Salz, Muskat u. Pfeffer würzen.
In eine gefettete Auflaufform füllen. Fisch auf den Blattspinat legen.

1/8l „Weiße Soße" (Instant) nach Packungsanleitung herstellen. Mit

25g geriebenem Käse mischen (oder 1/2 Eckchen Schmelzkäse einsetzen). Die Soße über den Fisch gießen.
Im vorgeheizten Backofen

20 Min. bei 200° C überbacken.
Mit Reis servieren. Anstatt Spinat kann Kohlrabi, Porree o. Brokkoli eingesetzt werden.

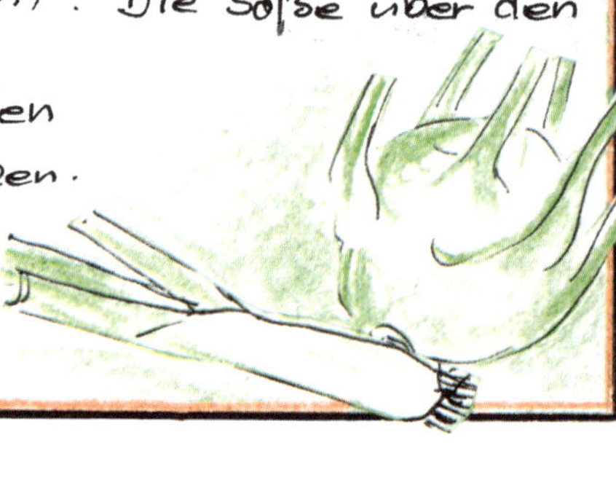

Pikantes Fischragout

4 Personen

600 g	Fischfilet in Würfel schneiden, säuern, salzen.
1/4 l	Fleischbrühe (Instant) zum Kochen bringen, die Fischwürfel hineingeben und in etwa 10 Min. garziehen lassen. Die Fischstücke mit einer Schaumkelle herausnehmen.
30 g	Butter in einem Topf erhitzen.
30 g	Mehl anschwitzen. Mit der Brühe zu einer dicken Soße kochen.
3	in Scheiben geschnittene Gewürzgurken u.
½ El	Kapern hinzufügen, mit
4 El	Schmand verfeinern, abschmecken. Die Fischstücke in die Soße geben.

Varianten:

- Anstatt Gurken und Kapern 2 Stangen Lauch in Scheiben schneiden, garen oder Brokkoli einsetzen.
- Anstatt 4 El Schmand, 2 EL Schmand u. 1 Eckchen Kräuterkäse unterrühren.

Rezepte für 1 Person

Matjes in Sahnesoße, grüne Böhnchen, Pellkart.

100 g	Matjesfilet abspülen, evtl. etwas wässern, in schräge Streifen schneiden. 1 El Sahne,
2 El	Joghurt verschlagen
½	Zwiebel, ½ kleine saure Gurke und
½	Apfel feinwürfeln, in den Joghurt geben, mit
etwas	Senf und Zucker abschmecken, Heringsstreifen hineingeben und durchziehen lassen.
150 g	grüne Bohnen in Salzwasser kochen in
10 g	Butter schwenken.
250 g	Pellkartoffeln.

Fisch in Tomatensoße mit Spaghetti

125 g	Fisch in Tomatensoße erwärmen.
50 g	Spaghetti in Salzwasser garen, abgießen, mit 10 g Butter und 10 g ger. Käse mischen.

Mit Salat der Saison servieren.

Rezepte f. 1 Person

Seezunge „Müllerin" mit Gurkensalat u. Melone

200g Seezungenfilet nach dem 3-S-System vorbereiten und in Mehl wenden.

2 El Öl in einer Pfanne erhitzen. Fischfilet von jeder Seite etwa 3 Min. braten. Mit

1 Zitronenscheibe und gek. Kartoffeln servieren. Dazu schmeckt Gurkensalat und als Dessert eine Spalte eisgekühlte Melone.

Rheinisches Fischfilet mit Erbsen und Klößen

200g Fischfilet Ihrer Wahl vorbereiten, in Mehl wenden, bei milder Hitze von beiden Seiten je 5 Min braten.

200g grüne Erbsen mit etwas Butter garen u. mit etwas Suppenwürze abschmecken.

2 kochfertige Klöße garziehen lassen und dazu servieren.

Kräuterfilet in Alufolie

150 - 200g Fischfilet - Scholle, Rotbarsch, Kabeljau o. Lachs - säubern mit Zitronensaft säuern, mit Salz u. Pfeffer würzen.
Ein entsprechend großes Stück Alufolie auf ein Backblech legen und die glänzende Seite mit Öl bepinseln. Fischfilet auf die Folienmitte legen. Mit
1 Tl Butter belegen, mit je
1 Tl gehackter Petersilie u. Schnittlauch bestreuen, mit reichlich
Tomatensch. belegen, mit ein wenig Salz und Zwiebelw. bestreuen. Alufolie schließen. Das Backblech im vorgeheizten Backofen ca. 25 Min. bei 220° garen. Um Energiekosten zu sparen, kann man das Folienpaket auch in siedendes Wasser geben und in ca. 20 Min garziehen lassen.

Serviervorschlag:
Es passen Salzkartoffeln, Kartoffelbrei - klöße, Reis, Rohkost, Blattsalate, Gemüse der Saison.

Forelle

I. gegart in Alufolie

1 küchenfertige Forelle mit Zitronensaft beträufeln, mit Pfeffer und
Salz würzen.
1/4 Bund Dill hacken, die Hälfte davon mit
1 Tl Butter verkneten und in die Forelle legen.
Alufolie in 30 x 30 cm großes Stück schneiden, ölen Forelle auf die Folienmitte legen, mit dem restlichen Dill bestreuen. Folienenden nach oben ziehen und zusammenfalten. Etwas Hohlraum über dem Nahrungsraum lassen. Danach die Längsseiten schließen. Im vorgeh. Backofen 25 Min. bei 225° garen.

II. Gegart im Bratschlauch

Die bis zum Garen vorbereitete Forelle in den Bratschlauch legen, mit dem restlichen Dill überstreuen, großzügig verpacken, 1-2 El Wasser zugeben, gut verschließen, auf einen kalten Rost legen, mit einer Nadel einstechen, damit der Überdruck entweichen kann. Im vorgeh. Backofen 30 Min. bei 200° garen.

Rezepte f. 1 Person

Tomatenreis mit Fisch

f. 1 Person

150 g	Fischfilet säubern, säuern, salzen, in Stücke schneiden
1	kleine Zwiebel würfeln und im Speckfett goldgelb rösten.
2 Tl	Tomatenmark und die Fischwürfel zugeben, kurz durchdünsten.
1/5 l	Wasser zugießen, aufkochen lassen, mit
Salz,	Pfeffer oder Paprika würzen.
50 g	Reis einstreuen.
	Das Gericht im geschlossenen Topf 20-25 M. leicht köcheln, bzw. garziehen lassen.
	Dazu paßt grüner Salat.
	Zubereitungszeit ohne Wartung ca. 25 M.

Klabautermann

Fertig gekaufte Fischfrikadellen werden von beiden Seiten goldbraun gebraten.

1 Tl Kräuterquark oder Remouladensoße auf die Frikadellen füllen und mit je
1 Aprikosen- oder Pfirsichhälfte belegen, mit frischer Kresse oder mit etwas gehackter Petersilie bestreuen.

Variante: Die Fischfrikadellen nur leicht von beiden Seiten anbraten, auf ein Backblech legen, mit Ananasscheiben oder Aprikosenhälften versehen.
Zur gewünschten Zeit in den auf 220 °C vorgeheizten Backofen schieben und nachgaren.
Danach auf das Obst je 1 Scheibe Gouda legen und ca. 2 Min. überbacken. Vor dem Überbacken ist der Herd zurückzuschalten oder schon ganz auszuschalten.
Dazu je nach Belieben eine Currysoße reichen.

Eiergerichte

... Und das ist
meine Welt
und sonst gar nichts!!!

Bei Tisch soll Freude den Vorsitz führen,
bei der Mahlzeit soll man heiter sein.

Sprichwort

Eiergerichte - Rezepte jeweils für 4 Portionen

Tomateneier mit Schinken

4 hartgekochte Eier in Scheiben schneiden, schuppenförmig in einer gefetteten Auflaufform anordnen.
6 Scheiben Kochschinken würfeln, mit
3 El Sherry beträufeln und über die Eier streuen.

Soße:

1/4 l Sahne mit
2 El Tomatenmark, etwas Curry und
30 g Butterflöckchen verschlagen, mit
Salz und Kräutern abschmecken. Die Soße über die Schinkeneier gießen.
Im vorgeheizten Backofen ca. 12 Min. bei 225° überbacken, bis die Soße zu bräunen beginnt.

Serviervorschlag:

Brot oder Reis mit Tomaten- oder Blattsalat.

Curry-Eier-Gemüse mit Kartoffeln

250 g	Kartoffeln kochen, dann würfeln
4-6	Eier hart kochen, abschrecken, pellen.
1	grüne und 1 rote Paprikaschote würfeln.
1	Blumenkohlkopf in Röschen teilen, in kochendem Salzwasser 10 Min. köcheln lassen, dann die Paprikawürfel zugeben und weitere 5 Min. garen.
40 g	Butter in einem Topf erhitzen
40 g	Mehl und 1 El Curry anschwitzen, mit
3/8 l	Gemüsebrühe und
200 ml	Sahne ablöschen, mit
Salz	und Pfeffer abschmecken.

Eier halbieren oder vierteln, Gemüse abtropfen lassen, alles in die Curry-Soße geben. Vor dem Servieren mit reichlich geh. Petersilie bestreuen.

Serviervorschlag: Mit Toast- oder Stangenbrot servieren.

Brokkoli - Eier-Gratin

4 Eier hart kochen, abschrecken, pellen.
800g Brokkoli putzen, in Röschen teilen, in kochendem Salzwasser in ca. 5-10 Min. bißfest garen.

Soße:

1 Zwiebel würfeln in
30g Butter goldgelb dünsten, 30g Mehl anschwitzen,
1/4 l Brühe (Instant) und mit
1/8 l Milch unter Rühren ablöschen und zum Kochen bringen. Mit Salz, Pfeffer u. Kräutern abschmekken.

Eine größere Auflaufform o. vier Portionsförmchen einfetten u. etwas Soße einfüllen. Darauf in Scheiben geschn. Eier und Brokkoliröschen geben. Zum Schluß die restl. Soße darüber gießen und mit
Käse überstreuen. Im vorgeh. Backofen 10 Min. bei ca. 210° überbacken.
50g Pinienkerne in einer trockenen Pfanne leicht rösten u. damit vor dem Anrichten das Gericht überstreuen. Dazu Reis oder Toastbrot reichen.

Zwiebeleier

40 g Butter in einem Topf erhitzen
4 große Zwiebeln in feine Scheiben schneiden und in der Butter hellbraun rösten.
1 El Mehl anschwitzen und mit
1/2 l Milch unter Rühren ablöschen, aufkochen lassen und mit Salz und Pfeffer abschmecken.
Die Zwiebelmasse in eine flache gefettete feuerfeste Form füllen.
4 hartgekochte Eier in Scheiben schneiden und schuppenartig auflegen, mit gewürfeltem Käse überstreuen.
Im vorgeheizten Backofen ca. 15 Min. bei 200° überbacken.

Serviervorschlag:
Mit Kartoffeln oder Reis und Blattsalat servieren.

Eierragout mit Gemüse

4 Eier hart kochen, abschrecken, pellen, längs halbieren.
250g Kirschtomaten waschen, halbieren,
1 kleine Zwiebel fein würfeln
250g Champignons vierteln.
20g Fett erhitzen, Pilze und Zwiebel darin 3-5 Min. dünsten. Zum Schluß die Tomaten zufügen und kurz mitdünsten. Gemüse mit Pfeffer u.
Salz würzen. Aus der Pfanne nehmen und beiseite stellen.

Soße:

20g Butter erhitzen, mit 2 Tl Mehl anschwitzen, mit
1/4l Gemüsesud oder Hühnerbrühe (Instant) ablöschen und rührend zum Kochen bringen.
2 El Schmand zugeben u. durchkochen lassen. Mit Meerrettich abschmecken. Gemüse in die Soße geben, Eihälften zugeben, anrichten und mit Schnittlauch bestreuen.
Dazu paßt Reis oder Stangenbrot.

Spiegeleier „Straßburg"

300 g	Champignons in Stücke schneiden und in
30 g	erhitzter Butter dünsten, dann in eine flache, gefettete Auflaufform füllen. Darauf
4	Scheiben Schweizer-Käse legen.
4 El	Schmand mit 3 El Milch, etwas Paprika u.
Salz	verrühren und über die Käsescheiben gießen.
4	Eier nacheinander in eine Tasse aufschlagen und darauf gleiten lassen.
	Im vorgeh. Backofen bei etwa 220° 12 Min. backen, bis das Ei gestockt ist.

Serviervorschlag:
Reis oder Nudeln oder Kartoffeln oder Brot, mit einem Rohkostsalad.

Porschierte Eier auf Blattspinat

40 g Butter in einem Topf erhitzen
1 gewürfelte Zwiebel darin goldgelb dünsten.
750 g Blattspinat zugeben, unter Wenden zusammenfallen lassen.

Poschierte Eier

Salz - Essig - Wasser aufkochen lassen
4 Eier in eine Suppenkelle aufschlagen u. vorsichtig in das siedende Wasser gleiten lassen. In etwa 4 Min. garziehen lassen.

Brot - Croûtons: 2 Scheiben Toastbrot würfeln.
100 g geräucherten, durchw. Speck auslassen. Mit
1 feingeh. Knoblauchzehe die Brotwürfeln goldbraun rösten.

Spinat auf einer Platte anrichten, Eier mit einem Schaumlöffel aus dem Wasser heben. Abgetropft auf dem Spinat anrichten. Brot mit den Speckwürfel heiß darüberstreuen.
Dazu paßt Kartoffelpüree o. Reis.

Schinkeneier mit Pilzen

500 g	Champignons kleinschneiden, in
20 g	Butter ca. 5 Min. dünsten.
150 g	Kochschinken in Streifen schneiden und mit
1/8 l	Sahne zu den Pilzen geben mit Pfeffer u.
Salz	würzen und mit
1	Gläschen Sherry abschmecken, in eine gefettete Auflaufform füllen u. glattstreichen.
4	Eier aufschlagen, auf die Füllung gleiten lassen. Im vorgeh. Backofen überbacken, bis die Eier gestockt sind.
	Zeit: 15 - 20 Min. bei 200°.

Variante:

Für Single, und wenn es besonders schnell gehen soll, die Sahne mit den Pilzen in der Pfanne erhitzen und mit Spiegeleiern servieren.
Dazu schmeckt Reis oder Brot mit einem Rohkostsalat.

Überbackene Schlemmereier mit Schinken und Krabben

4 Portionen

4 hartgekochte Eier schälen und scheibeln. Eine feuerfeste Form mit Butter einfetten u. mit Eischeiben auslegen.

150 g gek. Schinken würfeln

200 g Krabben kalt abspülen, mit Haushaltspapier leicht trockentupfen.

4 El gemischte gehackte Kräuter, frisch o. tiefgekühlt mit Schinken und Krabben mischen und über die Eier streuen.

1/8 l süße Sahne, 2 El Schmand und

100 g geriebenem Käse mischen, mit Muskat pikant abschmecken, über die Auflaufzutaten gießen. Mit

2 El Semmelbrösel bestreuen. Etwa 10 Min. bei 210° im vorgeh. Backofen überbacken.

Dazu paßt: Blatt-, Gurken- oder Tomatensalat, deftiges Graubrot und ein kühles Bier.

Scheveninger Käse-Eier

pro Portion

3 dünne Scheiben durchwachsenen, geräucherten Speck auf den Boden einer flachen Auflaufform legen. Darüber
1 dicke Scheibe jungen Gauda decken.
1 Ei aufschlagen und auf den Käse gleiten lassen.
50g Sahne mit je
1 Prise Salz und Pfeffer verquirlen und über das Ei gießen.

Im vorgeheizten Backofen bei ca. 220°C überbacken bis das Ei, bzw. die Eier gestockt sind. Mit Schnittlauchröllchen bestreuen.

Dazu schmecken Reis und ein Salat.

Die „schnellen" Eiertoastbrote aus der Pfanne

Strammer Max

4 Scheiben Frühstücksspeck in einer Pfanne braten, herausnehmen, zur Seite stellen.
4 Spiegeleier braten, zwischendurch
4 Toastscheiben im Toaster rösten.
Toastscheiben in die Pfanne legen, mit dem Frühstücksspeck belegen, darauf das Ei geben und das ganze mit einer Scheibe Käse pro Portion krönen. Pfannendeckel auflegen, bis die Käse-Scheiblette anfängt zu schmelzen. Anrichten und mit gehackten Kräutern bestreuen. Zubereitungszeit ca. 8 Minuten.

Serviervorschlag:
Apfel-Selleriesalat und Toastbrot

Schlemmerschnitte

Etwas Fett in einer Pfanne erhitzen
4 Scheiben Brot kurz erhitzen und wenden. Mit
4 Scheiben Kochschinken belegen und
4 Scheiben Käse darüber decken. Gleichzeitig
4 Spiegeleier braten auf den Käse legen.
Pfannendeckel auflegen, bis das Spiegelei mit einer weißen Haut überzogen ist. Mit geh. Kräutern bestreuen. Mit Salat u. Stangenbrot servieren.

Sonntagstoast

4 Eier mit
8 El Milch und
1 Prise Salz verschlagen.
40 g Butter in einer Pfanne erhitzen. Die Eiermilch zugeben und als Rührei zubereiten.
1 Scheibe Toastbrot toasten, mit ein wenig Kräuterbutter bestreichen, mit Käse belegen und mit Rührei bedecken und geh. Kräutern bestreuen.

Feinschmecker - Toast

4 Scheiben Toastbrot einseitig in der Pfanne leicht in etwas heißem Fett rösten. Die ungetoastete Seite mit etwas Butter bestreichen.
4 hartgekochte Eier in Scheiben schneiden und darauf verteilen.
20 g Butter in einer Pfanne erhitzen.
200 g in Spalten geschnittene Champignons mit
2 gehackten Zwiebeln darin dünsten. Mit
4 El Sahne ablöschen und einkochen lassen, bis die Masse cremig ist. Die Masse auf die Eischeiben füllen und mit geriebenem Käse überstreuen und unter dem Grill überbacken.
Grillzeit: 3-5 Minuten, solange, bis der Käse geschmolzen ist. Mit Tomaten und Petersilie anrichten.
Möchte man die Toasts vorzeitig vorbereiten, so werden sie zum Überbacken ca. 8-10 Min. bei 220° C in den heißen Backofen geschoben.

Was gut schmeckt
Wohlsein weckt

Die Salatküche

Salate - Salate - Salate

Werden gleichzeitig mehrere Salate angeboten, so müssen sie sich hinsichtlich des Geschmacks und des Aussehens stark unterscheiden.
Bei Salaten, die mit cremigen Soßen angemacht werden, verliert das Salatgemüse an Leuchtkraft. Die verschiedenen Salate sind häufig kaum noch voneinander zu unterscheiden.
Aus diesem Grunde geht der Trend dahin, das Salatgemüse einzeln oder auch gemischt, ohne Salatsoße, anzubieten. Am Ende der „Salatbar" können je nach Belieben etwa drei verschiedene Salatsoßen zur Selbstbedienung angeboten werden.
Bei dieser Form des Salatangebots bleiben auch die Blattsalate mit ihrer empfindlichen Zellstruktur knackig.

Anregungen für ein getrenntes Angebot von Salatgemüsen und Salatsoßen

Eisbergsalat und Chinakohl in grob geschnittenen Streifen anbieten.
Kopfsalat in mundgerechte Stücke zupfen.
Bei Chicorée ist der bittere Kern zu entfernen. Der Kolben wird in Streifen geschnitten und sofort mit Zitronensaft beträufelt, damit die Schnittkanten nicht braun werden.

Je nach Belieben kann Chicorée gemischt mit Mandarinen oder anderem Obst serviert werden.

- Weißkohl: Das feingehobelte Gemüse wird 30 Sekunden in kochendem Salzwasser blanchiert, danach sofort in kaltes Wasser tauchen und zum Abtropfen auf ein Sieb geben. Erkaltet kann man den vorbereiteten Weißkohl mit Paprika-, Möhren- oder Tomatenschnitzeln mischen. Je nach Belieben können auch in Scheiben geschnittene Oliven oder Radicchiosalat untergemischt werden.
- Paprika, Tomaten, Gurken, Möhren, Radieschen, Melonen sind weitere Gemüsearten, die als Rohkostsalate separat angeboten werden können.

Gekochtes Gemüse als Salatgemüse

Geeignete Gemüsearten: Erbsen, Blumenkohl, Brokkoli, Salatböhnchen, Bohnen, Mais, Rote Beete, Sellerie.

Salatsoßen

Für jeden Salat die passende Soße

Die berühmte klare Salatsoße die
Vinaigrette,

paßt zu allen Blatt- und Gemüsesalaten, aber auch zu Salaten mit Fisch, Fleisch oder Käse.

Grundrezept

2 El Wein- oder Kräuteressig, ½ Tl Senf,
Salz, Pfeffer und 2 El Weißwein werden so lange gerührt, bis sich das Salz gelöst hat.

5 El Öl zu geben und solange weiter schlagen, bis eine cremige Masse entstanden ist. Danach feingewiegte Salatkräuter, Zwiebeln, in Würfel geschnittene Gewürzgürkchen oder Kapern hinzufügen.

Wichtig bei der Zubereitung ist die Reihenfolge der Zutaten. Gibt man das Öl hinzu, wenn sich die Gewürze noch nicht aufgelöst haben, werden

diese vom Öl umschlossen und können sich nicht mehr entfalten.
Während man bei Salaten mit Weißkohl, Paprika und Tomaten würziges Olivenöl und schwarzen Pfeffer vorzieht, schmeckt man leichte Blattsalate oder pikante Obstsalate lieber mit neutralem Öl und weißem Pfeffer ab.

Vorratshaltung:
Die Vinaigrette hält sich im Kühlschrank mehrere Wochen und kann darum in größeren Mengen hergestellt werden. Die Marinade in Flaschen abfüllen. Vor Gebrauch schütteln.

Die Auswahl geeigneter Salatsoßen

Bei einer Salatbar oder einem Salatbuffet, wenn mehrere Salatsoßen separat angeboten werden, wird der Unterschied der verschiedenen Soßen deutlicher, wenn diese sich farblich voneinander abgrenzen.

Weiße Soßen

Die schlanke Joghurtsoße

1 Becher fettarmer Joghurt (150g)
1 Tl Öl, 1 El Zitronensaft
1 Msp. Pfeffer, Salz, Zucker
Salatkräuter. Die Zutaten in einer Schüssel miteinander verrühren und abschmecken.
Variante: Mit Meerrettich, Tomatenmark, Knoblauch und 1 El Cognac abwandeln.

French-Dressing

4 El Mayonnaise oder Remoulade oder 4 El Crème fraiche mit
2 El süßer Sahne glattrühren.
1 Tl Kräutersenf, einige
Spritzer Worcestersauce, Saft einer Knoblauchzehe zugeben. Mit Salz, Pfeffer und Zucker abschmecken.

Joghurtsoße und French-Dressing sind geeignet für Blattsalate, Rohkost, aber auch für Gemüse- und Würstsalate.

Die Soßen können im Kühlschrank 4-6 Tage aufbewahrt werden.

American-Dressing, die rote Soße

4 El Mayonnaise
2-3 El Ketchup
2-3 El Tomatenmark
4 El Sahne, 2 El Sherry
1 El Zitronensaft

Alle Zuten verrühren, mit Salz, Pfeffer, Zucker und Tabasco abschmecken.
Die soße paßt zu festeren Blattsalaten, zu Gemüse-, Fisch- und gemischten Salaten, aber auch zu allen exotischen salaten
Im Kühlschrank kann die Soße 4-6 Tage aufbewahrt werden.

Die grüne Kräutersoße

150 g Schmand
2 El Remouladensoße
3 El feingewiegte Salatkräuter
1 feingeh. Zwiebel
1/2 - 1 E pürierter TK-Spinat, 3-4 in Würfel geschnittene Essiggürkchen. Alle Zutaten verrühren. Mit Salz, Pfeffer und Gurkenessig abschmecken. Paßt zu Blatt-, Gemüse- und Kartoffelsalaten.

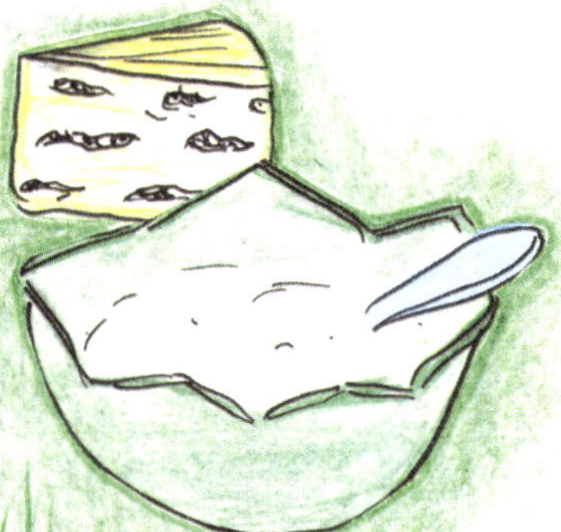

Gorgonzola-Soße

125 g Gorgonzola (milder Blauschimmelkäse) mit einer Gabel zerdrücken und mit
3 El Crème fraiche,
3 El Sahne
2 El Sherry,
etwas Zitronensaft verrühren, mit Salz u. Pfeffer abschm.

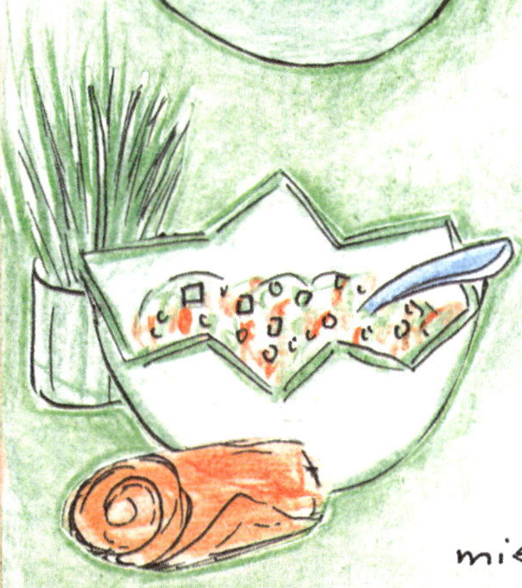

Schinken-Schnittlauch-Soße

1 Becher Schmand, 2 EL Mayonnaise, 5 El Schnittlauch; 100 g mageren Schinken würfeln, alles mischen. Mit Salz, Pfeffer, Zucker abschmecken.

Kiwicocktail mit Hühnerbrust

4 reife Kiwis schälen, der Länge nach halbieren und in 1/2 cm dicke Scheiben schneiden.
Die Kiwis mit dem Saft
1/2 Zitrone beträufeln.
250g gegarte Hühnerbrust in dünne Streifen schneiden. In eine Schüssel geben und locker mit den Kiwis mischen.

Salatsoße:

2 El Mayonnaise mit 1 El Crème fraîche, 1 El Sahne
1 Tl Tomatenmark, 1 Tl Tomatenketchup und dem Saft 1/2 Zitrone mischen, mit Pfeffer, Salz und etwas Curry u. Zucker abschmecken.

Variante: Kiwischeiben schuppenartig auf einen Teller legen.
Darauf die Hühnerbrust mit Salatsoße füllen.
Dazu getoastetes Brot reichen.

Cocktail - Salate

Krabben - Cocktail mit Geflügel

150 g gekochte Hühnerbrust würfeln
150 g Krabben abspülen u. abtropfen lassen
200 g Weintrauben halbieren und entkernen oder kernlose Weintrauben einsetzen.
2 Scheiben Ananas in Stückchen schneiden.
Salatsoße: Siehe Rezept „American-Dressing".
Anstatt 2-3 EL sind jeweils nur 1-2 EL Ketchup und Tomatenmark einzusetzen.

Krabben - Cocktail mit Chicorée

400g Chicorée putzen, den bitteren Kern entfernen, in Ringe schneiden
200g Krabben, 50g Rosinen
1 EL geh. Petersilie mit Salatsoße (s.o.) mischen.

Krabben - Cocktail mit Erbsen und Käse

(6 Portionen)

Etwa 250g TK-Kabben auftauen, abspülen und abtropfen lassen.

300g TK-Erbsen kochen, abschrecken und abtropfen lassen

250g Gouda würfeln und mit Salatsoße mischen, mit Dill garnieren.

Wahlweise „American Dressing" oder „Gorgonzola Soße" einsetzen.

Variante:

Statt Erbsen und Käse 400g gekochten grünen oder weißen Spargel und 1 kleine Dose Mandarinen einsetzen.

Grapefruit - Cocktail

4 Portionen

1 rosa Grapefruit und
2-3 Blutorangen schälen, die weiße Innenhaut sorgfältig ablösen, Grapefruit in Segmente teilen die dünnen Trennwände abziehen und in Stükke schneiden. Kerne entfernen. Das Fruchtfleisch
von 200g Netz- oder Honigmelonen mit einem Kugelausstecher in kleinen Kugeln auslösen oder würfeln.
100 g blaue Weintrauben halbieren und entkernen.
75 g Oliven, gefüllte, in Scheibchen schneiden.
4 Frühlingszwiebeln putzen, das Weiße davon in Ringe schneiden. Alles mit den Grapefruitstückchen mischen, auf Orangenscheiben füllen.

Marinade:

1 Tl Senf, etwas Salz, 1 Pr. Zucker mit
2 El Essig lattrühren. Nach und nach
5 El Öl unterrühren. Die Marinade über den Salat ziehen und mit grünen Pfefferkörnern bestreuen.
75 g Räucherschinken - die Scheiben aufrollen zweimal durchteilen, und die Schinkenröllchen als Garnitur an den Salat legen.

Der Salat kann als festliche Vorspeise serviert werden.

Chicoree - Cocktail

400 g Chicorée längs durchschneiden, bittere Keile herausschneiden und in Streifen schneiden.
300 g Weintrauben halbieren und Kerne entfernen.
200 g gekochten Schinken und
200 g Emmentaler Käse in Streifen schneiden.
Die Salatzutaten mischen.

Salatsoße:

4 EL Mayonnaise
3 EL Ketchup
4 El Sahne
2 El Sherry
1 El Zitronensaft. Alle Zutaten verrühren, mit Salz, Pfeffer, Zucker und Tabasco abschmecken. Mit den Salatzutaten mischen, kühl stellen und durchziehen lassen.

Salat vor dem Servieren nochmals abschmecken, mit Petersilie bestreuen.

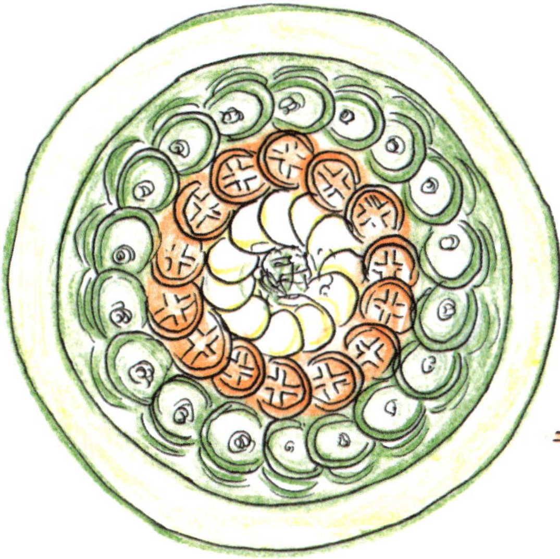

Rohkostplatte

„Gemüsereigen"

Je nach Größe:
4 - 5 kleine Zucchini und 4 Tomaten scheibeln
1 junge Kohlrabi ebenfalls in Scheiben schn.
½ Bund Radieschen in Stifte schneiden, mit
1 El gehackte Petersilie mischen.

Den Boden einer Platte mit 2 - 3 El Mayonnaise bestreichen. Die Gemüsescheiben kreisförmig darauf anrichten. Radieschen und Petersilie mischen und auf die Mitte geben.

Salat mit Erdbeeren

Römischen Salat oder ein Salat Ihrer Wahl in mundgerechte Stücke zupfen, 4 Portionsteller damit auslegen.
200g Erdbeeren halbieren,
120g Käse würfeln, beides auf dem Salat anrichten.
Mit Vinaigrette überziehen oder eine Salatsoße dazu servieren.

Mandarinen - Melonen - Avocado - Salat

1 Döschen Mandarinen abtropfen lassen
150g nicht zu dünn geschnittenen Räucherschinken in Streifen schneiden. Von
250g Honig- oder Netzmelonen und
1 Avocado das Fruchtfleisch mit einem Kugelausstecher in kl. Kugeln auslösen. Avocadokugeln sofort mit Zitronensaft beträufeln.

Als Vorspeise auf 4 Portionstellern anrichten. Den Teller zuerst mit grünem Salad, der in mundgerechte Stücke gezupft ist, belegen. Auf den Salat nacheinander Schinkenstreifen und Mandarinen verteilen, in die Mitte zuerst die Melonen-, dann die Avocadokugeln legen.

Tip: Fruchtfleisch der Avocado relativ kurzfristig vor dem Servieren ausstechen und auf die fertigen Teller verteilen.

Marinade

Kurz vor dem Servieren mit einer klaren Vinaigrette beträufeln oder die Kugeln nur mit etwas schwarzem Pfeffer bestreuen u. eine Salatsoße zur Selbstbedienung separad servieren, z. B. American-Dressing" o. Gorgonzola - Soße.

Bunte Chinakohlplatte

Etwa 400 g Chinakohl in Streifen schneiden, die Platte damit auslegen.
1 Bund geputzte Radieschen in Scheiben und
1 Gemüsezwiebel in Ringe schneiden.
1/2 Salatgurke ungeschält in Scheiben hobeln.
2-3 Tomaten scheibeln oder achteln.
Das Gemüse auf einer Platte anrichten. Mit abgeschnittener Kresse büschelweise garnieren. Salatsoße separat servieren.

Gemüseplatte mit Eiern

500 g Brokkoli und
500 g Spargel bißfest kochen.
2-3 Tomaten scheibeln
3-4 Eier (gekocht)
je nach Belieben halbiert o. gefüllt servieren.

Rohkostsalate

Die bunte Salatschüssel für die Salatbar

Sie kann mit verschiedenen Blattsalaten, z. B. mit Radicchio, Eisberg- und Endiviensalat gefüllt werden.
Die Salatsoße wird separat dazu gestellt.

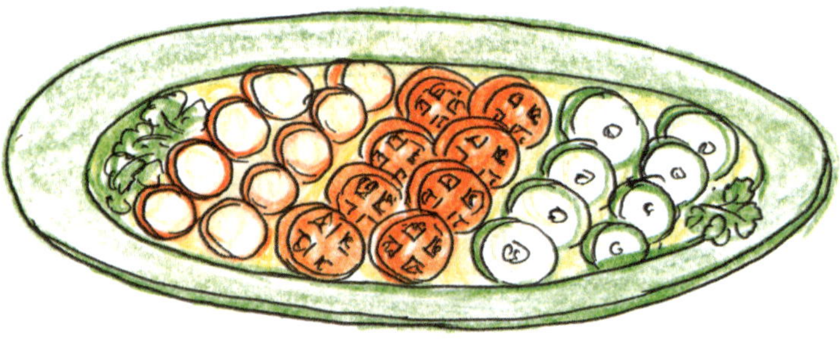

Rohkostplatte mit Radieschen-, Tomaten- und Gurkenscheiben.

Spanische Salatkombination

500 g Chinakohl, ohne feste Rippen, in 4-5 cm breite Streifen schneiden
2 kl. Orangen in Segmente teilen, Häutchen entfernen.
100 g gef. Oliven in Scheibchen schneiden
1 rote Paprika in Streifchen schneiden
1 Gemüsezwiebel würfeln.
Die Zutaten mischen.

Salatsoße:

4 El Mayonnaise, 4 El Sahne
2 El Tomatenketchup, 2 El Tomatenmark
2 El Cherry. Mit Zitronensaft, Salz, Zucker und ein paar Tropfen Tabasco abschmekken.
Die Salatsoße vor dem Servieren löffelweise über den Salat ziehen.

Abänderung:

. Chinakohl kann durch einen anderen grünen Salat ausgetauscht werden.
. Apfelsinen mit einer kleinen Dose Mandarinen austauschen.

Gurkensalat

1/2 Salatgurke kräftig waschen und mit der Schale fein hobeln
4 Tomaten in Scheiben schneiden
ca. 150g Feldsalat putzen und waschen.
Das Gemüse locker mischen.

Salatsoße:

1 Becher Schmand mit 1 El Zitronensaft, Salz, Pfeffer, Zucker abschmecken, Dill und Schnittlauch zugeben. Soße über den Salat gießen.

Variation:

Die Anteile der drei Gemüsearten können je nach Belieben verändert werden.
Feldsalat kann durch einen anderen festen Blattsalat ausgetauscht werden.
Möchte man Gurkensalat „nur" aus Gurken zubereiten, so rechnet man für 4 Portionen etwa 1 Salatgurke.

Französische Salatkombination

1 Salatkopf in mundgerechte Stücke reißen und auf eine Salatplatte füllen.
1 gelbe Paprikaschote in Streifen schneiden
1 Selleriestange in dünne Scheibchen "
2 Tomaten achteln
1 kl. Dose Thunfisch abtropfen lassen.
Alle Zutaten in der angegebenen Reihenfolge auf dem Salat verteilen.
Zum Schluß 10 - 12 schwarze Oliven darübergeben und
1 El gehackte Petersilie und
1 El frisches gehacktes Basilikum darüberstreuen.

Vinaigrette:
2 El Weinessig, Salz, Pfeffer,
½ Tl Senf, 1 Pr. Zucker,
1 Knoblauchzehe würfeln,
Die Zutaten verrühren,
2 El Weißwein und 5 El Olivenöl unterschlagen.
Den Salat mit der Vinaigrette leicht beträufeln, den Rest separat dazu reichen.

Eisbergsalat

mit Croutons und Eiern

4 Eier nicht zu hart kochen, abschrecken und schälen
1 Kopf Eisbergsalat in Streifen schneiden
2 Scheiben Toastbrot entrinden u. würfeln.
40 g Butterschmalz in einer Pfanne erhitzen. Die Brotwürfel und
1 Knoblauchzehe in dem heißen Fett goldbraun rösten.

Marinade:

3 El Weinessig, Salz und reichlich Pfeffer aus der Mühle verrühren.
3 El Öl unterschlagen.

Salat auf einem Salatteller verteilen, die Soße über den Salat träufeln.
Die Eier der Länge nach vierteln und damit den Salat garnieren.
Vor dem Servieren die Croutons über den Salat geben.

Eisbergsalat mit Avocado und Pute

1 Kopf Eisbergsalat in Streifen schneiden
2 Orangen filetieren. Etwa 2 El. Saft auffangen
200g Putenbrustaufschnitt – die Scheiben aufrollen, in Scheiben schneiden.
1 Avocado schälen, Fruchtfleisch in dünne Spalten schneiden, sofort mit Zitronensaft beträufeln.
Alle Zutaten auf einer Platte anrichten.

Salatsoße:

4 El Mayonnaise mit
2 El Ketchup, 2 El Zitronensaft, 2 El Orangensaft,
2 El Weinbrand glattrühren. Mit
Tabasco, Cayennepfeffer und Salz abschmekken.
Kurz vor dem Servieren löffelweise über den Salat ziehen.

Liegt zwischen Zubereitung und Verzehr ein längerer Zeitraum, so wartet man mit dem Aufschneiden der Avocados bis kurz vor dem Servieren.

Feldsalat mit Schinkencroûtons

Feldsalat ist auch unter den Namen Rapunzel, Schafsmaul, Acker- oder Vogerlsalat bekannt.

400 g Feldsalat verlesen, waschen, trockenschleudern.
200 g gek. Schinken würfeln oder in Streifchen schneiden. In etwas Öl unter Wenden leicht anrösten.

Marinade:

6 El Rindfleischbrühe, 3 El Kräuteressig, etwas Salz, Pfeffer und Senf verrühren,
4 El Öl langsam zugeben und verschlagen.
2-3 El Schnittlauchröllchen hinzufügen.

Feldsalat auf einer Platte anrichten, mit Marinade beträufeln und Schinkencroûtons darauf verteilen.
Den angerichteten Salat mit Ei oder Tomaten garnieren.

Rotkohlsalat

2 El	Rosinen waschen, in
1/8 l	Traubensaft 1 Stunde quellen lassen.
400 g	Rotkohl sehr fein hobeln und mit einem Kartoffelstampfer mürbe stampfen.
1	Apfel und
1	Birne grob raspeln.

Soße:

250 g	Schmand oder saure Sahne,
2 El	Obstessig,
1 El	Honig oder Ahornsirup,
Salz,	Pfeffer,
50 g	gehackte Walnüsse oder Sonnenblumenkerne.

Aus den Zutaten eine Soße bereiten und abschmecken, mit den Salatzutaten mischen, kühl stellen und durchziehen lassen. Salat vor dem Servieren nochmals abschmekken.

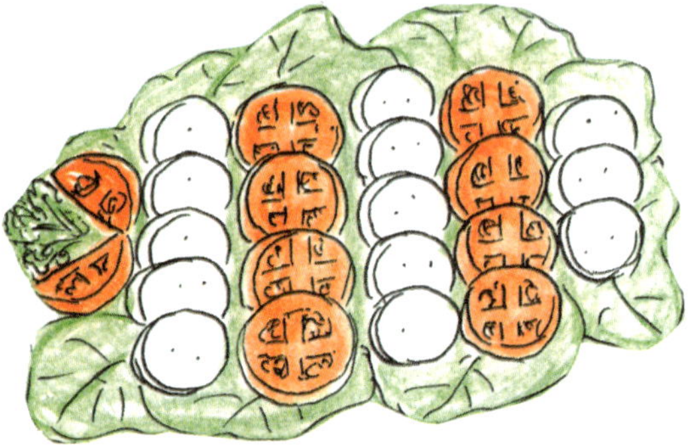

Tomaten mit Mozzarella

Salatblätter in mundgerechte Stücke zupfen und eine Salatplatte damit belegen.

5 Tomaten und etwa
200g Mozzarella in Scheiben schneiden. Die Scheiben im Wechsel mit Salatblättern anrichten. Ein wenig getr. Oregano darüber streuen.

Griechischer Salat

6 feste Tomaten vierteln,
1 grüne Paprika schnitzeln,
1 Gemüsezwiebel in halbe Ringe schneiden.
1/2-1 Salatgurke ungeschält scheibeln.

Marinade:

2 El Essig, 2 El Weißwein, 1 Pr. Pfeffer,
etwas Knoblauch, alles verrühren.
5 El Olivenöl unter Schlagen zugeben.
150g in Würfel geschnittenen Schafskäse darin liegen lassen, damit der Käse etwas von seinem Salzgehalt abgeben kann.

Die Marinade nach etwa 20 Min. mit Oregano abschmekken. Alles mischen und anrichten.

Melonensalat

1 Kopf Eisbergsalat oder Römersalat in Streifen schneiden. Aus
2 Netzmelonen oder 1 Honigmelone mit einem Kugelaustecher Kugeln herausdrehen.
4 Scheiben gek. Schinken mit ganz wenig Mayonnaise bestreichen, die Scheiben fest aufrollen und davon Scheibchen abschneiden.
60g Pinienkerne in einer Pfanne leicht rösten.

Soße: Je nach Belieben mit einer Vinaigrette überziehen. Die Hälfte der Pinienkerne zur Soße geben. Oder man reicht separat zum Salat eine cremige Salatsoße:
4 El Mayonnaise, 2 Eßl Joghurt, 1 El Ketchup, 1 El Tomatenmark, 30g Pinienkerne, 1 El geh. Petersilie, mit Pfeffer, Salz, Zucker abschmecken
Auf einer Platte anrichten. Zum Schluß die restlichen Pinienkerne über den Salat streuen.

Salate rund um die Tomate

Marinade:

3 El Sherry oder Weinessig mit einer Prise
Salz, Pfeffer u. Zucker verr.
6 El Öl unterschlagen
1 El Schnittlauch unter die Vinaigrette rühren.

Tomaten mit Mais

1 Dose Mais abtropfen lassen, mit Marinade mischen, auf eine Platte geben.
600g Tomaten achteln, auf dem Mais verteilen, mit gehacktem Dill bestreuen.

Tomaten mit Gurken

In Scheiben geschnittene Gurken und Tomaten im Wechsel auf einer Platte ordnen. Vor dem Anrichten mit wenig Pfeffer, Salz u. Kräutern bestreuen.

Tomaten mit Zwiebeln und Schnittlauch

Tomatenscheiben auf einer Platte anordnen. Mit Zwiebelringen und reichlich Schnittlauch bestreuen. Mit einer Marinade servieren.

Tomaten mit Zwiebeln und Paprika

Nacheinander auf einer Platte anordnen: Tomatenscheiben, Zwiebelringe, eine in Streifen geschnittene grüne Paprika. Zum Schluß mit Schnittlauch bestreuen. Mit einer Marinade servieren.

Tomaten mit roten Bohnen

Tomatenscheiben auf einer Platte anordnen. 1 Dose mit roten Bohnen abtropfen lassen, mit 3 El Öl und reichlich Kräutern abschmecken, löffelweise über die Plattenmitte füllen.

Salatvariationen mit Paprika

300 g geschnitzelte grüne Paprika
300 g in Achtel geschnittene Tomaten.
1 gew. Zwiebel
150 g zerkleinerten Schafskäse.

Die Zutaten locker mischen. Mit einer Vinaigrette überziehen oder mischen.

1 rote und
1 grüne Paprika in Streifen geschnitten
200 g Zucchinischeiben
250 g in Achtel geschnittene Tomaten,
1 gewürfelte Zwiebel.

Die Zutaten mischen. Mit einer Vinaigrette anmachen.

Fortsetzung „Salatvariationen mit Paprika"

4 feste Tomaten achteln
250g Champignons scheibeln
1 Zwiebel in Ringe schneiden
2 grüne Paprika in Streifen schneiden
1 Peperoni waschen, entkernen, fein würfeln.
Den Salat mit einer Vinaigrette mischen.

2 grüne Paprika in Streifen schn.
1 kl. Dose Mandarinen abtropfen lassen.
100g Sellerie raffeln. Den Salat mit Vinaigrette anmachen.

Vinaigrette

2 El Weinessig
1/2 Tl Senf, Salz, Pfeffer
1 gewürf. Knoblauchz.
Die Zutaten verrühren.

2 El Sherry, 5 El Olivenöl unterschlagen
1 El Schnittlauchröllchen zugeben.

Gemüse- die zusammen harmonieren

Fitness - Salat

2 Paprika (rot, grün, gelb) in grobe Streifen schneiden

200g Kirschtomaten oder andere Tomaten in Scheiben schneiden. Kirschtomaten evtl. halbieren.

200g kleine Zucchini mit der Schale scheibeln

200g Champignons blättrig schneiden

Zusammen mit einer Vinaigrette mischen.

Vinaigrette:

2 El Weinessig mit dem Saft 1 Knoblauchzehe.
1/2 Tl Senf, Salz, Pfeffer gut verrühren. Dann
2 El Sherry und 5El Olivenöl unterschlagen, bis eine cremige Soße entsteht.

1 geh. Zwiebel u. 1-2 El Schnittlauchröllchen zugeben.
Vor dem Anrichten 1 Avocado in Spalten schneiden, teils untermischen, teils zum Garnieren einsetzen.

Zucchini - Salat

400g kleine Zucchini waschen und scheibeln
250g Kirschtomaten
250g Champignons blättrig schneiden
2 hartgekochte Eier achteln

Vinaigrette: Aus
3 El Weinessig, Salz, Pfeffer, Senf etwas Knoblauch,
2 El Weißwein, 5 El Olivenöl und
1 Bund Schnittlauch eine Soße rühren.

Das zerkleinerte Gemüse mit der Soße mischen und gut durchziehen lassen. Mit geachtelten Eiern in eine Schüssel schichten und nicht mehr verrühren. Vor dem Servieren mit
200g zerbröckeltem Schafskäse und
1 El Schnittlauchröllchen bestreuen.

Variation: Statt Schafskäse Mozarella - oder Blauschimmel - käsewürfel einsetzen.

Nizza - Salat

300 g Tomaten in Scheiben schneiden u. eine große Platte damit belegen
ca. 4 Anschovisfilets würfeln u. darauf verteilen
2 grüne Paprikaschoten schnitzeln
1 Zwiebel würfeln
1 Bund Radieschen scheibeln
50-80 g schwarze Oliven
3-4 hartgekochte Eier vierteln.

Das Gemüse nacheinander auf die Tomaten und Anschovisfilets füllen.
Den Salat wahlweise vor dem Anrichten mit Salatsoße Vinaigrette beträufeln oder separat dazu reichen.

Zucchini - Salat

mit Tomaten und Salami

5 feste Tomaten in Scheiben schneiden

400 g kleine Zucchini waschen, mit dem Rohkosthobel in Streifen oder mit dem Messer in feine Stifte schneiden.

1 Kopf Römersalat in Stücke zupfen

ca. 150 g Salami zuerst in Scheiben, dann in Stücke schneiden.

Die vorbereiteten Zutaten wahlweise auf einer großen Platte oder auf Portionstellern anrichten.

Die gehobelte Zucchini leicht mit einer klaren Salatsoße überziehen. Den fertig angerichteten Salat mit

Schnittlauch überstreuen.

Dazu können Sie separat eine Salatsoße Ihrer Wahl reichen. Es paßt sowohl eine Vinaigrette wie eine Soße auf Joghurt- oder Quarkbasis.

Variationen mit Weißkohl

Weißkohl mit Paprika und Essiggürkchen

400 g Weißkohl hobeln
1 rote Paprika in feine Streifen schneiden
150 g Essiggürkchen scheibeln.

Die Salate mit einer Vinaigrette anmachen, siehe Seite 98.

Weißkohl mit Sellerie und Äpfeln

400 g Weißkohl fein hobeln
200 g Äpfel und
200 g Sellerie grob raspeln.

400 g Weißkohl fein hobeln
1 Bd. Radieschen scheibeln
1 Salatgurke "
1 Möhre raspeln.

Weißkohl mit Ananas u. Lauchzwiebeln

400g Weißkohl fein hobeln
200g Ananas in feine Stückchen schneiden
2 Lauchzwiebeln in Ringe schneiden
100g Rosinen waschen, zugeben, mischen
Mit Marinade anmachen.

Weißkohl mit Möhren und Sellerie

200g Weißkohl hobeln
200g Möhren raspeln
200g Sellerie grob geraspelt aus dem Glas, 2 El Selleriesaft
200g Äpfel in Stifte geschnitten.
50g gehackte Nüsse, mischen.

Marinade

4 El Kräuteressig, etwas
Salz, Senf, Pfeffer, Tabasco
Die Zutaten verrühren.
5 El Öl unterschlagen
1 Tl Kümmel und
1 gewürfelte Zwiebel zugeben.

Sauerkrautsalat mit Kasseler

3-400g mildes Sauerkraut auseinanderzupfen,
200g Kasseler zuerst in Scheiben, dann in feine Streifen schneiden.
150g blaue Weintrauben halbieren und entkernen.
100g Ananas aus der Dose in feine Stückchen schneiden.

Marinade:

6 El Ananassaft,
2 El Zitronensaft,
2 El Schmand oder saure Sahne, Salz, Pfeffer, mit 2 Eß. Öl verschlagen. Abschmecken und mit den Salatzutaten vermischen.
Kühl stellen und durchziehen lassen.
Salat vor dem Servieren nochmals abschmecken.
Je nach Belieben auf mit Weinblättern belegten Glastellern anrichten.

Sauerkraut - Rohkost - Salat

1 kleine Dose Sauerkraut etwas zerschneiden und mit 2 Gabeln lockern.

2 Äpfel schälen und würfeln, mit etwas Zitronensaft beträufeln.

4 El Rosinen waschen, abtropfen lassen.

100 g Sellerieknolle raspeln.

Die Zutaten mischen.

Salatsoße:

4 El Crème fraiche mit

4 El Sahne verrühren, 1 Tl Zucker zugeben. Mit Salz, Pfeffer und Zucker abschmecken.

Salatsoße mit Salatzutaten mischen. Der Salat kann schon am Vortag zubereitet werden.

Variante:

Vor dem Anrichten 200 g entkernte Weintrauben unter den Salat heben und einige, als Dekoration, über die angerichtete Salatschüssel streuen.

Möhren - Rohkost - Variationen

400g Möhren und 200g Äpfel grob raspeln
200g Ananas in Stückchen schneiden.
Mit Marinade anmachen.

400g Möhren, 150g Sellerie und
150g Kohlrabi raspeln, 1 kl. Lauchstange in Ringe schneiden. Mit Marinade anmachen.

300g Möhren raspeln, 300g Weißkohl hobeln
250g TK Erbsen kochen, erkalten lassen, zugeben
Mit Marinade anmachen.

300g Möhren, 300g Äpfel, 300g grüne Weintrauben.

Marinade: ca. 6-8 El Apfel- oder Ananassaft, 1 El Zitronensaft, 1 El geh. Petersilie, 1 Msp. Senf, 1 Pr. Salz verrühren. 4 El Öl langsam zugeben und verschlagen.

Dicke-Bohnen-Salat mit Kasseler

600 g bißfest gegarte dicke Bohnen abtropfen lassen.
1 Lauchzwiebel in Ringe schneiden
200 g gebratenes oder gekochtes Kasseler in feine Streifen schneiden.

Marinade

6 El Rindfleischbrühe, 3 El Kräuteressig, etwas Salz, Pfeffer und Senf verrühren,
4 El Öl langsam zugeben und verschlagen.
2-3 El Schnittlauchröllchen hinzufügen.
Aus den Zutaten eine Marinade bereiten, abschmecken und mit den Salatzutaten mischen. Kühl stellen und durchziehen lassen.
Salat vor dem Servieren nochmals abschmecken.

Rote - Beete - Rohkost

300 g	Rote Beete oder rote Rüben, waschen, schälen, reiben.
200 g	Äpfel raspeln
200 g	Essiggürkchen in feine Würfel schneiden
1	Zwiebel hacken.
	Alle Zutaten mischen.

Meerrettich - Sahne - Soße

2 El	Sauerrahm (Schmand)
2 El	Schlagsahne, 2 El Zitronensaft mit
1	Prise Salz verschlagen
	Mit reichlich Meerrettich und
1	Prise Zucker abschmecken.

Rote-Beete-Salat mit Mozzarella

500 g weichgekochte Rote Beete mit kaltem Wasser abschrecken, die Haut abstreifen, erkalten lassen, dann in Streifen schneiden.

1 kleine Dose Mandarinen abschütten.

1 Zwiebel würfeln. Die Zutaten mischen.

Salatsoße:

2 El Cumberlandsoße oder Johannisbeergelee mit

½ Tl mildem Senf, ½ Tl Meerrettich, 3 El Essig

u. 3 El Öl verschlagen. Eventuell mit

1 El Rotwein, Salz und Pfeffer abschmecken. Die Soße mit den Salatzutaten vermengen und durchziehen lassen.

150 g Mozzarella in Würfel schneiden und direkt vor dem Servieren über den angerichteten Salat streuen. Streut man die Käsewürfel zu früh darüber, nehmen sie Farbe an.

Zudem können vor dem Servieren Kresseblättchen über den Salat gestreut werden.

Kohlrabisalat

400 g Kohlrabi grob raspeln oder in feine Stifte schneiden.
2 Äpfel in feine Stifte schneiden
100 g Sellerie raspeln, mit
50 g gehackten Mandeln und
50 g Rosinen mischen.
Die Zutaten sofort mit der fertigen Soße mischen.

Gorgonzola-Soße

150 g Schmand (1 Becher) mit
150 g Gorgonzola, (milder Blauschimmelkäse), zuerst mit der Gabel zerdrücken, dann mit Schmand oder Crème fraîche verrühren.
1 El Schnittlauchröllchen zugeben. Wer es schärfer liebt, nimmt 200 g Gorgonzola und 100 g Schmand. Kohlrabi kann auch mit einer Joghurt-Soße angemacht werden. Mit Salz u. Pfeffer abschmecken.

Sommersalat

(8 Portionen)

300 g blaue oder grüne Weintrauben halbieren oder kernlose Weintrauben einsetzen.
2 Honigmelonen oder 4 Netzmelonen entkernen, Fruchtfleisch mit einem Kugelausstecher herausholen oder würfeln.
½ Salatgurke mit Schale halbieren (der Länge nach), dann scheibeln.
4-5 Tomaten achteln
2 El Schnittlauchröllchen.

Vinaigrette

2 El Weinessig, 2 El Sherry, ein paar Tropfen Tabasco, Salz und 1 Pr. Zucker so lange rühren, bis sich Salz und Zucker aufgelöst haben.
5 El Öl darunterschlagen.
Soße mit den Salatzutaten mischen und abschmecken.

Statt mit einer Vinaigrette kann der Salat mit einer anderen Salatsoße angemacht werden. Siehe hierzu Salatsoßen-Rezepte

Staudensellerie mit Paprika und Käse

200g Staudensellerie in feine Stifte schneiden.
1 Apfel in Stifte schneiden. Mit Zitronensaft marinieren und kurze Zeit ruhen lassen.
1 kleine rote Paprika in Streifen schneiden.
1 Zwiebel hacken.
150g Emmentaler-Käse in Stifte schneiden.
Alle Zutaten mit der Salatsoße mischen.

Salatsoße:

1 Becher Schmand mit
3 El Mayonnaise, 1 El Sherry und
½ Tl Senf mischen. Mit Pfeffer, Salz und Zucker abschmecken.

Alle Salate, in denen Staudensellerie mit Obst vermischt wird, sollten mit Senf gewürzt werden. Die Schärfe des Senfes verbindet sich unter Sellerieeinfluß besonders gut mit Fruchtaromen.

Staudensellerie mit Obst, Schinken und Käse

300 g Staudensellerie in Stifte schneiden,
1 große rosa Grapefruit schälen, die weiße Haut entfernen, die Filets herausschneiden und in grobe Würfel teilen. Saft auffangen, zum Staudensellerie geben und kurze Zeit ruhen lassen.
½ Kopf Eisbergsalat in Streifen schneiden.
200 g Ananas in Würfel
150 g Gouda und
150 g gekochten Schinken in Streifen schneiden.
Die Zutaten mit der angegebenen Salatsoße mischen.

Salatsoße: 100 g Gorgonzola mit der Gabel zerdrücken, mit
2 EL Mayonnaise und 2 El Crème fraîche vermischen. 3 El Sahne zugeben, mit Pfeffer,
Salz, Zitronensaft und etwas Zucker abschmekken.

Amerikanischer Selleriesalat

1 große Dose Selleriescheiben abtropfen lassen, in Stifte schneiden,
1 kleine Dose Ananasstückchen abtropfen lassen, in kleine Stückchen schneiden.
2 Äpfel schälen und in Stifte schneiden.

Salatsoße:
150g Mayonnaise mit
6 El Ananassaft und
100g gehackten Mandeln verrühren. Mit Salz und Pfeffer abschmecken.
Etwas Blattsalat in mundgerechte Stücke zupfen, eine Platte oder Glasschale damit auslegen und den Salat darauf füllen.

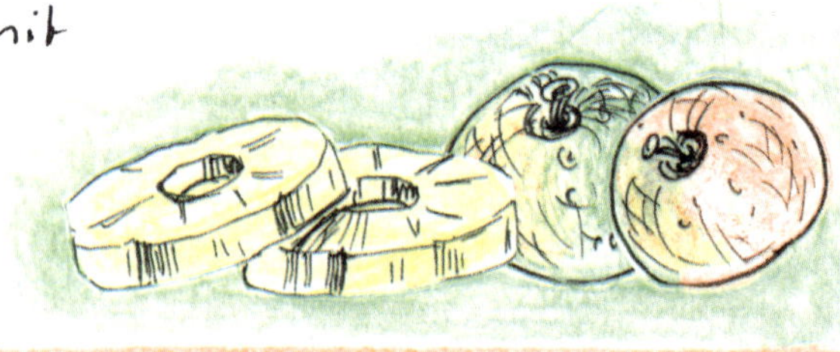

Waldorf - Salat

1 Sellerieknolle kochen, schälen, raffeln
Oder ein Glas Sellerie grob geraffelt einsetzen.
250g Äpfel schälen und raffeln. Beides mit
50g gehackten Nüssen mischen.

Salatsoße:

125g Mayonnaise mit 2 El Zitronensaft verrühren,
1 Prise Zucker und etwas Salz zugeben und abschmecken. Salat kalt stellen u. durchziehen lassen. Evtl. etwas Sahne zugeben.

Variante: 150g in Streifen geschn. gekochten Schinken zugeben.

Waldorf-Astoria-Salat

1 kleine Sellerieknolle kochen, schälen, stiften.
150g gekochtes Geflügelfleisch würfeln,
1 großen Apfel, 2 Orangen und
1 Banane schälen und würfeln. Alle Zutaten mit der oben angegebenen Salatsoße mischen.
Mit 10 gehackten Walnüssen u. etwas Madeira abschmecken. Salat mindestens 1 Stunde auskühlen lassen. Salatblätter mundgerecht zerkleinern, und den Salat darauf anrichten.

Brokkolisalat mit Kasseler und Pilzen

600 g bißfest gegarte Brokkoliröschen
200 g Champignons in dünne Scheiben schneiden
200 g Kasseler-Aufschnitt, die einzelnen Scheiben aufrollen und die Röllchen in Scheiben schneiden.

Brokkoli auf ein Sieb geben, abtropfen lassen und auf einer Platte anrichten, mit Champignons bestreuen, und die kleinen Wurströllchen darauf verteilen.

Mit Salatsoße überziehen.

Salatsoße:

4 El Remoulade mit
4 El Sahne, 1 EL Ketchup verrühren. Mit
1 El Sherry, Salz, Pfeffer und
1 Pr. Zucker abschmecken.

Brokkolisalat

800 g	bißfest gegarte Brokkoliröschen auf ein Sieb schütten, abtropfen lassen und auf einer Platte anrichten.

Marinade:

4 El	Gewürzessig, 1 Tl Senf, etwas Salz,
1-2 El	Weißwein, je 1 Pr. Pfeffer und Zucker so lange rühren, bis sich das Salz gelöst hat. Dann langsam
5-6 El	Öl unterschlagen. 2 EL Schnittlauchröllchen zugeben.
2	Tomaten mit kochendem Wasser überbrühen, abschrecken, abziehen, halbieren, entkernen und würfeln.
2	hartgekochte Eier in kleine Würfel schneiden.

Tomaten- und Eierwürfel über den Brokkoli streuen, und die Marinade löffelweise darübergießen.

Fenchelsalat

250-300 g	Fenchelknolle grob raspeln
2	Orangen schälen, die weiße Haut entfernen, in Scheiben schneiden u. diese vierteln.
2	Äpfel schälen und in feine Stifte schneiden.
1	Zwiebel hacken
50 g	Rosinen
100 g	blaue oder grüne Weintrauben entkernen.

Die Salatzutaten mischen.

Salatsoße:

Wer eine klare Soße liebt, stellt eine Vinaigrette laut Grundrezept her.
Je nach Belieben kann eine Joghurtsoße, American-Dressing oder eine Gorgonzola-Soße eingesetzt werden. Siehe Rezepte von Seite 98-101.
Fenchelsalat paßt sowohl zu Stangenbrot, als auch zu herzhaften Ofenkartoffeln.

Fenchelsalat- „Caroline"

300g Fenchelknollen grob raspeln,
1 kleine Dose Mandarinen abtropfen lassen.
200g Ananas aus der Dose in kleine Stückchen schneiden.
100g Emmentaler und
100g gekochten Schinken in feine Streifen schneid.
Alle Zutaten miteinander mischen.

Salatsoße:
4 El Salatmayonnaise mit
4 El Sahne, 1 El Zitronensaft
2 El Ketchup, 2 El Tomatenmark und
1-2 El Sherry mischen. Mit
Salz, Pfeffer, Zucker und Tabasco würzen, abschmecken. Die Soße über die Salatzutaten gießen, mischen. Etwas gehackte Petersilie zugeben, nochmals abschmecken. Vor dem Servieren mit Fenchelgrün bestreuen.

Sie können den Salat am Vortag zubereiten. Den Käse sollten Sie erst vor dem Servieren unterheben.

Brabanter Salat

400 g	Eisbergsalat in Streifen schneiden,
300 g	Weintrauben halbieren, entkernen oder kernlose Trauben einsetzen.
200 g	gekochten Schinken und
200 g	Emmentaler-Käse in Streifen schneiden.
1	dünne Lauchstange in Ringe schneiden. Die Zutaten mischen.

Salatsoße:

100-150 g	Sahne leicht cremig schlagen, mit
2 El	Crème fraîche mischen, mit
1-2 El	Essig, 1-2 El Sherry, Salz, Pfeffer und Zucker würzen, abschmecken.

Soße mit den Salatzutaten mischen, kühl stellen, durchziehen lassen.

Variante:

Je nach Belieben kann statt Eisbergsalat Chicorée oder ein anderer Blattsalat eingesetzt werden.

Trauben - Käse - Salat

250g helle und
250g dunkle Weintrauben halbieren und entkernen.
200g Leerdamer-Käse in Stifte schneiden
1 kleine Dose Mandarinen gut abtropfen lassen, Saft auffangen.
100g Feldsalat verlesen und waschen.

Vinaigrette:

2 El Weinessig, 4 El Mandarinensaft, etwas
Salz und Pfeffer gut verrühren. Löffelweise
3 El Öl zugeben und verschlagen.
30g gehackte Walnüsse zufügen. Vinaigrette mit den Salatzutaten mischen.

Bauernsalat

1 Dose Maiskörner 200g abtropfen lassen
300g Essig oder Gewürzgürkchen in Scheibchen schneiden
2 Zwiebeln würfeln
300g Kirschtomaten trockenreiben o. 5-6 andere Tomaten scheibeln.
10 gefüllte Oliven scheibeln
1 grüne Paprikaschote in Streifen schneiden.

Vinaigrette:

2 El Weinessig, 1/2 Tl Senf, Saft 1 Knoblauchz.,
2 EL Sherry, Salz und Pfeffer zusammen verrühren, bis sich das Salz aufgelöst hat, dann
5 El Olivenöl unterschlagen. Soße u. Salatzutaten mischen u. abschmecken. Der Salat kann schon am Vortag zubereit werden. Tomatenscheiben kurz vor dem Anrichten zugeben.

Reichhaltiger Schichtsalat

1 Stange Lauch in feine Ringe schneiden, die Hälfte davon einfüllen.
1 kleine Dose Mandarinen und
1 kleines Glas grob geraspelte Sellerie abtropfen lassen, einschichten,
2-3 Äpfel fein würfeln, restl. Lauchringe und
1 kl. Dose Mais abgetropft zugeben.
4 hartgek. Eier achteln,
4 Scheiben gekochten Schinken in Streifen schneiden.
Zum Schluß 1 kleines Glas Essiggürkchen in Scheiben geschnitten zugeben.

Salatsoße:

250 g Remouladensoße mit 2 El Schmand und
4 El Sahne glattrühren. Evtl. mit 1 El Essig,
1 Pr. Salz, Pfeffer und Zucker nachwürzen.

Die Beschaffenheit der Soße muß dickflüssig sein. Wenn man sie über den Salat gießt, so muß sie langsam nach unten sickern. Mindestens im Kühlschrank abgedeckt 20 Stunden ziehen lassen.

Schichtsalat

ca. 8 Portionen

500g Weißkohl fein hobeln
1 kleines Glas grob geraffelte Sellerie
1 kleine Dose Stückchen-Ananas abtropfen lassen.
1 kl. Stange Lauch. Grünen Anteil der Stange entfernen u. den weißen Anteil in sehr feine Ringe schneiden.
Ca 300g Äpfel grob raspeln,
Ca 300g Möhren raspeln

Die Salatzutaten in der angegebenen Reihenfolge einschichten. Salatsoße löffelweise über den Salat geben. Über Nacht ziehen lassen.

Salatsoße:

1 kleines Glas Salatmayonnaise mit 2 El Tomatenketchup, 1 El Tomatenmark, 4 El geschl. Sahne, 1 El Weinbrand u. 2 El Ananassaft verrühr. Mit Zitronensaft, Salz, Pfeffer u. Zucker abschmecken

Schichtsalat mit Gemüse und Schinken

ca. 6-8 Portionen

400 g Blumenkohl in Röschen teilen, kochen, abtropfen u. auskühlen lassen.
400 g gekochten Schinken würfeln
400 g TK-Erbsen kochen, abschrecken, abtropfen las.
4 hartgek. Eier schälen, in grobe Würfel schneid.
250 g Kirschtomaten
2 Zwiebeln schälen u. würfeln.

Alle Zutaten in angegebener Reihenfolge einschichten. Salatsoße darüber ziehen, zudecken. Über Nacht stehen lassen.

Salatsoße:

250 g Remoulade mit 2 El Schmand, 4 El Sahne oder Milch verrühren. Mit 1 El Sherry, Tabasco, Salz, Zucker abschmecken.

Garnitur: Mit gekochten Erbsen und halbierten Kirschtomaten überstreuen.

Fischsalat Wolga

500 g Fischfilet - Dorsch, Heilbutt, Kabeljau - nach der 3-S-Methode vorbereiten.

20 g Butter erhitzen, den Fisch darin braten und garen, danach abkühlen lassen, in Stücke schneid.

2 hartgekochte Eier achteln.

2 geschälte Äpfel stiften

100 g Sellerie reiben oder raspeln.

1 feste Tomate achteln, entkernen, würfeln.

1/4 Salatgurke längs halbieren, danach scheibeln.

Die Zutaten in einer Glasschüssel oder auf einer Platte anrichten. Mit Salatsoße überziehen.

Salatsoße:

4 El Joghurt oder Schmand, 4 El Salatmayonnaise, 2 El Tomatenmark, 2 El Sherry mischen, mit Salz, Pfeffer, Zitronensaft, 1 Pr. Zucker abschmecken. Evtl. mit 1-2 El Milch dünnflüssiger rühren. Mit den Salatzutaten mischen. Kühl stellen.

Pikanter Obstsalat mit Meeresfrüchten

4 Portionen

200g Krabben abspülen u. abtropfen lassen,
200g Räucherlachs in Streifen und
200g Ananas in Stückchen schneiden,
100g Möhren und 100 g Äpfel grob raspeln,
1 kleine Dose Mandarinen abtropfen lassen,
½ Banane scheibeln und sofort zur Salatsoße geben.

Salatsoße:

4 EL	Mayonnaise,	4 El	Sahne.
2 El	Ketchup,	2 El	Tomatenmark.
2 El	Sherry,	1 El	Zitronensaft.

Die Zutaten verrühren, mit Salz, Pfeffer, Zucker, Tabasco abschmecken, Salatzutaten zugeben. Kühl stellen und durchziehen lassen.
Auf in Stücke gezupften Blattsalat anrichten.
Anstatt Räucherlachs und Krabben kann der Salat mit 250g gekochte Hühnerbrust zubereitet werden.

Thunfischsalat
mit Eiern und Gemüse

4 Portionen

1 Dose Thunfisch gut abtropfen lassen, in kleine Stücke zerreißen.
2 Eier 10 Min. kochen, abschrecken, schälen, in Spalten schneiden.
300 g TK-Erbsen in kochendem Salzwasser garen, abtropfen und auskühlen lassen.
250 g Champignons putzen, in Scheiben schneiden
1 kleiner Kopf Eisbergsalat in ca 4 cm breite Streifen schneiden.

Salatsoße:

4 El Salatmayonnaise, 2-3 El Ketchup, 4 El Sahne
2 El Tomatenmark, 2 El Sherry, 1 El Zitronensaft
verrühren, abschmecken, mit den Salatzutaten mischen.

Oder eine Platte mit Salat auslegen, Salatzutaten darauf verteilen und die angerichtete Platte mit Salatsoße überziehen.

Thunfisch - Salat

Küchenkrepp auf ein Sieb legen.
1 Dose Thunfisch darauflegen und abtropfen lassen,
1 kleine Dose Mais abtropfen lassen,
400 g Tomaten halbieren, entkernen, in Streifen schn.
1 Bund Frühlingszwiebeln putzen, schräg in Ringe schneiden.
1 Salatgurke längs halbieren, evtl. Kerne mit einem Löffel herauskratzen und scheibeln.

Marinade:

4 El Tomatensaft, 2 El Tomatenmark, 3 El Zitronens, Salz, Pfeffer und Cayennepfeffer solange rühren, bis sich das Salz gelöst hat.
5 El Öl nach und nach darunterschlagen. Von
1 Bd. glatter Petersilie die Blättchen abzupfen und mit den anderen Zutaten vorsichtig mischen. Kühl stellen.

Heringsstippe

4 Portionen

250g eingelegte Heringe,
250g gekochte, eingelegte Rote-Beete,
200g Essiggürkchen,
200g Äpfel. Alle Zutaten in sehr feine Würfel schneiden.

Salatsoße:

4 El Creme fraiche oder 4 El Schmand mit
3 El Öl und 1 gewürfelten Zwiebel verrühren. Je nach Geschmack mit Pfeffer, Salz, Gurkenessig oder auch mit Preiselbeerkompott würzen. Abschmecken und kühl stellen. Mindestens 1 Tag durchziehen lassen.

Heringssalat nach Hausfrauenart

4 Portionen

2 eingelegte Heringe,
4 Essiggürkchen,
2-3 Äpfel,
250 g Pellkartoffeln,
200 g eingelegte Rote Beete,
150 g gekochten Schinken.

Alle Zutaten in kleine Würfel schneiden und mischen. Je nach Belieben kann auf den gek. Schinken verzichtet werden.

Salatsoße

6 El Salatmayonnaise oder Schmand mit den Salatzutaten mischen. Mit
Salz, Essig, Preiselbeerkompott oder Johannisbeergelee abschmecken. 1 Tag zugedeckt im Kühlschrank durchziehen lassen.

Vor dem Servieren mit hartgekochten Eiern garnieren.

Einfacher Kartoffelsalat
und Abänderungsmöglichkeiten

750 g Pellkartoffeln kochen, abschrecken, pellen, erkalten lassen, in Scheiben schneiden.
3-4 Gewürzgürkchen (a. 50g) würfeln,
2 Zwiebeln würfeln. Mit den Kartoffeln mischen.

Salatsoße:

4 El Mayonnaise mit 1 Becher Schmand (200g)
5 El Gewürzgurkenlake, 1 Bund Schnittlauchröllchen, 1 Tl Senf. Die Zutaten mischen, mit Salz, Pfeffer und Zucker abschmecken.

Mindestens 1 Stunde ziehen lassen und nochmals abschmecken.

Varianten

Der einfache Kartoffelsalat kann je nach Belieben mit weiteren Zutaten ergänzt, bzw. aufgebessert werden.

Ergänzungsvorschläge

250g gekochten Schinken in Streifen schneiden
250g feine, gegarte Erbsen.

---

4 gekochte Eier in Scheiben geschnitten.
ca 500g frischen Spargel in 3-4cm lange Stücke schneiden, kochen.

250g gekochte Hühnerbrust, in Streifen schneiden.
1 kl Dose Champignons, in Scheiben geschnitten.
2 gewürfelte Äpfel.

---

2 Fleischtomaten aushöhlen und das Fruchtfleisch in grobe Würfel schneiden.
2 hartgekochte Eier achteln

---

1 Bund Radieschen in Scheiben schnen
150g Plockwurst in Streifen schneiden.

Griechischer Kartoffelsalat

500 g	kleine Pellkartoffeln in Scheiben,
250 g	Schafskäse in Würfel,
250 g	Fleischwurst in schmale Streifen schneiden.
500 g	bißfest gegarte grüne Brechbohnen abtropfen lassen, in Stücke schneiden.

Marinade

4 El	Mayonnaise mit
1/8 l	Rindfleischbrühe
4 El	Kräuteressig
1 El	Zwiebelwürfel verrühren. Mit
Salz	und Pfeffer abschmecken.

Die Salatzutaten mit der Marinade mischen. Kühl stellen und durchziehen lassen. Vor dem Servieren nochmals abschmecken.

Bunter Kartoffelsalat

8-10 Portionen

1 ½ Kg Karloffeln mit Schale garen, pellen, erkalten lassen und in Scheiben schneiden.
1 kl. Glas Selleriesalat, grob geraspelt, abtropfen lassen.
4-6 hartgekochte Eier achteln,
je 1 rote und 1 grüne Paprika schnitzeln,
200 g Gewürzgurken scheibeln,
2 Äpfel und
2 Zwiebeln würfeln
1 Bd. Schnittlauch zu Röllchen schneiden.

Salatsoße:

1 Gläschen Remoulade, 1 Becher Sauerrahm,
2 El Weinessig, 20 Tropfen Tabascosauce mit etwas Sahne oder Milch glattrühren, mit
Salz und Knoblauch abschmecken.

Die Soße mit den Salatzutaten vermischen, kühl stellen und mehrere Stunden durchziehen lassen.

Türkischer Reissalat

125 g Langkornreis körnig kochen, mit reichlich Curry würzen und auskühlen lassen.
200 g feine, gegarte Erbsen zugeben
200 g gekochtes Geflügelfleisch
1 gekochte Möhre würfeln
1 kl Dose Mandarinen abtropfen lassen
1 Zwiebel hacken

Salatsoße

4 El Mayonnaise mit 4 El Sahne glattrühren, 1 El geh. Petersilie zugeben, mit Salz und Pfeffer würzen, evtl. mit 1 El Sojasoße.
Salat auf einer Platte anrichten, mit Schinkenwürfeln, geriebenem Käse u. gehackten Kräutern überstreuen.

Reissalat Samurai

125 g Langkornreis, 250 g gekochte Spargelstückchen, 125 g feine, gekochte Erbsen, 2 feste Tomaten grob würfeln, 200 g gekochten Schinken.
Zubereitung und Salatsoße siehe oben.

Reisssalat mit Thunfisch

100g Langkornreis körnig kochen und auskühlen lassen.

Salatsoße

150g Schmand
2 El Remouladensoße
3 El feingewiegte Salatkräuter
1 feingehackte Zwiebel
1 El Tomatenketchup. Die Zutaten mischen, mit
Salz und 1 Pr. Zucker würzig abschmecken.

Salatzutaten:

1 Dose Thunfisch abtropfen lassen, den Fisch mit 2 Gabeln zerpflücken.
150g Gewürzgürkchen in Scheiben schneiden
50g gefüllte Oliven in Scheiben schneiden.
2 El Kapern zugeben.

Salatzutaten, Reis und Salatsoße mischen. Den Salat mehrere Stunden auskühlen lassen.

Reissalat mit Porree (Lauch)

(ca 6 Personen)

100 g Langkornreis körnig kochen, abtropfen lassen, kalt stellen.

2 Stangen Lauch putzen, in Scheiben schneiden, in ein wenig Salzwasser 3-4 Minuten blanchieren, abtropfen und auskühlen lassen.

1 kleine Dose Ananasstückchen auf ein Sieb schütten

300 g TK-Erbsen kochen. Je
100 g Goudakäse und
100 g gekochten Schinken in Streifen schneiden. Die Salatzutaten mit der Salatsoße mischen.

3 El Crème fraiche, 1 El Öl, 3 El Essig,
½ Tl Senf, 2 El Ananassaft, 1 geh. Knoblauchzehe, 2 El Schnittlauchröllchen. Aus den Zutaten eine Salatsoße herstellen.
Salatzutaten und Salatsoße kalt stellen und gut durchziehen lassen. Der Salat kann auch schon am Vortag zubereitet werden.

Nudelsalat mit Würstchen

250g weiße oder grüne Nudeln bißfest kochen.
2 Paar Frankfurter Würstchen scheibeln.
250g Erbsen kochen
1 Apfel und 1 Zwiebel würfeln.

Salatsoße:

150g Joghurt, 2 El Remouladensoße, 1 El Öl, 1 El gehackte Petersilie, 1 Tl Senf, Pfeffer, Salz, einige Tropfen Tabascosauce. Aus den angegebenen Zutaten eine Salatsoße herstellen, die vorbereiteten Salatzutaten damit mischen, und den Salat gut durchziehen lassen.

Nudelsalat mit Thunfisch

250g grüne Nudeln, 200g Thunfisch (Dose) zerpflücken
100g Gewürzgurken scheibeln, 100g eingel. Perlzwiebeln
2 Tomaten achteln. Salatsoße siehe oben.

Rustikaler Nudelsalat

250 g Nudeln bißfest in Salzwasser mit einem Schuß Olivenöl kochen.
200 g Zerrelatwurst in Streifen schneiden.
200 g Tomaten achteln, oder Kirschtomaten einsetzen.
100 g gefüllte Oliven in dicke Scheibchen schneiden
1 grüne Paprika in düne Streifen schneiden
1 kleine Dose Mais abtropfen lassen.

Salatsoße:

100 g Mayonnaise, 2 El Chilisoße, saft
1/2 Zitrone, 1/2 Tl Rosenpaprika, einige Tropfen Tabascosoße, 1 El Sojasoße verrühren. Mit Salz und Pfeffer abschmecken.

Die Soße mit den anderen Zutaten mischen, gut durchziehen lassen. Der Salat kann schon am Vortag zubereitet werden, (ohne Tomaten).

Feiner Nudelsalat

250 g Nudeln bißfest kochen
250 g Spargelabschnitte nach Vorschrift kochen
250 g Geflügelfleisch, gekocht, in Stifte schneiden
1 Bund Radieschen in halbe Scheiben "
1 Apfel in Stifte schneiden.
2 gekochte Eier achteln

Salatsoße:

1 Becher Crème fraiche, 2 El Spargelwasser, 2 EL Geflügelbrühe, 1 El geh. Petersilie verrühren. Mit Zitronensaft, Salz, Pfeffer abschmecken. Je nach Belieben 1 El Kapern zugeben.

Abänderung:

Die Salatzutaten können teilweise durch andere ersetzt werden.

- statt Spargel bißfest gekochte Broccoliröschen,
- statt Radieschen 2 Tomaten,
- statt gekochte Eier 150 - 200g blaue Weintrauben einsetzen.

... genießen

muß man können –

nicht nur

für den großen Hunger,

auch

für den feinen Gaumen ...

III.

Verschiedene Formen und Vorschläge für die Gästebewirtung

Einladung
zu einer kulinarischen
Schlemmerreise

Der Sektempfang

Häufig ist der Sektempfang der Auftakt zu einer Feier oder zu einem Festessen.

Das Getränkeangebot beschränkt sich hierbei, wie der Name schon sagt, vorrangig auf Sekt. Dieser kann wahlweise mit verschiedenen Obstsäften gemischt werden. Da dieser Empfang eine Stehparty ist, können auch in einer relativ kleinen Wohnung viele Gäste Platz finden.

Wird nach dem Empfang für einige Geladene ein Festessen serviert, verabschieden sich die Besucher, die nur zum Empfang eingeladen

waren, nach einer Besuchszeit von etwa ein bis zwei Stunden.

Der Sektempfang mit Mundbissen und Schlemmerhäppchen

Bildet der Sektempfang eine geschlossene Einheit, so können neben den Getränken kulinarische Kleinigkeiten angeboten werden. Da es sich um eine Stehparty handelt und den Gästen nur Servietten zur Verfügung stehen, ist das Angebot auf Mundbissen und Schlemmerhäppchen zu beschränken. Wieviel Sie davon anbieten möchten, liegt ganz in Ihrem Ermessen. Die aufgezeigten Möglichkeiten sollen als Anregung dienen.

Übrigens, die kleinen, kalten Köstlichkeiten kommen immer an. Bei Partys, Empfängen und Buffets sind sie nicht wegzudenken. Tagsüber kann man sie als willkommene Snacks und abends zu einem kleinen Essen servieren.

Bei einem Buffet können Gabelbissen, Würziges, wie z. B. Essiggürkchen, aber auch Obstdesserts stehen bleiben, wenn die übrigen Speisen abgeräumt werden.

Pikantes Gebäck

Windbeutel

Brandteig Grundrezept (ein halbes Rezept genügt!)

1/4 l Wasser mit
125 g Butter zum Kochen bringen, den Topf einen Augenblick von der Herdstelle nehmen und
125 g Mehl unter Rühren schnell hinzugeben und die Masse solange auf der Herdstelle rühren, bis sie sich vom Topf löst.
Der abgebrannte Teigkloß wird zunächst mit
1 Ei verrührt. Das Ei macht den Teig geschmeidiger. Ein paar Minuten abkühlen lassen und
3 weitere Eier unter den Teig schlagen.

Von dem Teig walnußgroße Häufchen auf das mit Mehl bestäubte Blech setzen.
Im vorgeheizten Backofen ca. 10 - 15 Min. bei 200° backen.
Ein paar Min. nachtrocknen lassen, dann aus dem Backofen nehmen.

Die oberen Kappen werden sofort mit einer Küchenschere abgeschnitten, damit sie ausdampfen können und nicht zusammenfallen. Damit die Füllung das Gebäck nicht zu stark aufweicht, werden sie vor dem Füllen leicht gebuttert.

Spritzt man den Brandteig stangenförmig auf ein Backblech, erhält man Eclairs.

Windbeutel und Eclairs können die gleichen pikanten Füllungen erhalten. Man kann sie mit oder ohne Käppchen gefüllt auf Platten oder einzelnen Tellern anrichten.

Windbeutel mit grünem Deckel

Käppchen oder Deckel zuerst mit Öl bepinseln, dann mit gehackter Petersilie bestreuen.

Winbeutel mit rotem Deckel

Das Käppchen mit Öl bepinseln und mit Paprikapuder bestäuben

Canapès

Das sind die vornehmen Verwandten von den einfachen belegten Broten. Kleine geformte oder ungeformte Weißbrotscheiben werden mit einer üppigen Auflage versehen.
Zu festlichen, offiziellen Anlässen werden Canapès ohne Rinde serviert. Quadratische, rechteckige, runde oder dreieckige Formen werden aus Brotscheiben geschnitten oder ausgestochen. Für ganz besonders exquisite Auflagen werden die Brothäppen noch kleiner geschnitten. Man nennt sie Croûtons. Je kleiner die Häppchen, desto arbeitsaufwendiger ist die Zubereitung des Speisenangebots.
Zu weniger festlichen Anlässen wird für die Canapès einfach Stangenbrot genommen, ohne die Brotrinde zu entfernen.

Weißbrotscheiben für Canapès nicht von der Schmalseite, sondern von der Breitseite aufschneiden, so können mehr Stücke auf einmal ausgestochen werden.
Zuerst wird die ganze Scheibe mit Butter bestrichen, danach werden die Formstücke geschnitten.

Canapés aus Weißbrotscheiben

Zu familiären und weniger offiziellen Anlässen kann die Canapé-Grundlage je nach Belieben auch aus dunklen Brotsorten bestehen.

Canapés von links nach rechts

Auf geräuchertem Lachs wird eine Eihälfte mit der Rundung nach oben gelegt, aus der Rundung eine kleine Kerbe ausschneiden und mit Kaviar füllen. Rund um die Eihälften kleine Mayonnaisetupfen aus der Tube spritzen

- Das gebutterte Brot wird mit Schnittkäse, 1/4 Ananasring und 1 Weintraube belegt.
- Gekochter Schinken, Spargel, Eischeibe, Kaviar.
- Gorgonzola (Blauschimmelkäse), gekochte Birnenscheibe, Preiselbeerkompott.
- Bestreut mit Schnittlauchröllchen, eine kleine Salamischeibe mit Käsecreme bestrichen, zur Tüte geformt u. mit einem Tupfen Käsecreme versehen.
- Tartarbrot mit Zwiebelringen.
- Dick mit Käsecreme (siehe Rezept Seite) bestrichen, mit je 1/2 Walnuß u. Cocktailkirsche belegt.

Mit Schnittlauchröllchen bestreut, aufgerollte Wurstscheibe und
a) Käsetupfer mit Weintraube,
b) Gurkenfächer.

Kanapés mit Baguette-Scheiben

Die Vorschläge zum Belegen von Meterbroten können gleichzeitig als Anregung bei der Zubereitung von Canapés dienen, siehe Seite

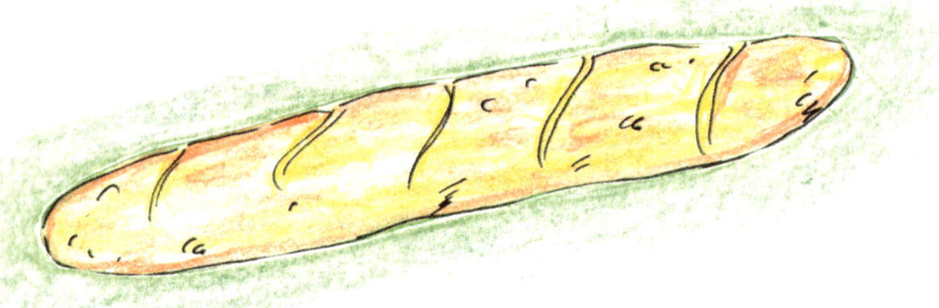

Mini-Baguettes,

mundgerecht abgeschnitten, mit feinem Aufschnitt belegt, sind Häppchen von der edlen Sorte.

Canapés mit

geräuchertem Lachs
Kasseler-Aufschnitt
gefüllten Lachsschinkenröllchen

Bunter Happen

1/2 Baguette in 8 Scheiben schneiden, mit Kräuterbutter bestreichen.
200g kalten Schweinebraten in Streifen schneiden.
2 Ölsardinen in sehr feine Stücke zupfen
2 El Mayonnaise mit 1 Pr. Oregano u. Madeirawürze, den Schweinebratenstreifen u. den Ölsardinenstückchen mischen. Die Mischung auf den Brötchen verteilen. Mit einer Tomatenspalte, Olivenscheibchen u. Petersilie garnieren.

Kosaken-Brötchen

1/2 Baguette in Scheiben schn., mit Kräuterb. bestr..
200g Beefsteakhack, 1/2 in Würfel geschnittene Zwiebel,
2 Tl gehackte Kapern, 1 Spritzer Tabascosauce.
1 Pr. Salz und Oregano und
2 Tl Öl. Alle Zutaten vermengen.
Die Mischung auf den Baguettescheiben verteilen. Auf jedes Brot eine Eischeibe legen mit deutschem Kaviar garnieren.

Dänisches Smörrebröd

. . . mit Lachs und Ei

1 Scheibe Weißbrot mit Butter bestreichen
1 Salatblatt auflegen, darauf
2 Scheiben Räucherlachs legen, mit
1 pochierten Ei krönen, mit gehacktem Dill überstreuen.

Pochierte oder verlorene Eier

1 l Wasser mit Salz und Essig zum Kochen bringen.
4 Eier einzel in eine Tasse schlagen, vorsichtig aus der Tasse in das siedende Wasser gleiten lassen. 3 - 4 Min. sieden lassen. Dann mit einem Schaumlöffel herausnehmen und das Eiweiß ringsherum gleichmäßig beschneiden.

. . . . . mit Krabben und Ei

1 Scheibe Weißbrot mit Butter bestreichen
1 Salatblatt auflegen
40 g Krabben mit ½ El Mayonnaise mischen, abschmecken, auf die Brotscheibe geben, mit
1 gekochten Eihälfte krönen u. mit Dill überstreuen.

. . . . mit Roastbeef und Ei

1 Schwarzbrotscheibe mit Butter bestreichen, mit
1 Roastbeefscheibe belegen, dann mit 1 Spiegelei. Gebratene Zwiebelringe darüber legen, mit Petersilie garnieren.

Pikante Häppchen mit Käsecreme

Käsetrüffel

Aus der fertigen Käsecreme kleine Kugeln formen und abwechselnd in geriebenem Pumpernickel und feingewiegter Petersilie wälzen.

Pumpernickelvariationen

Pumpernickel dick mit Käsecreme bestreichen, aufeinanderlegen, etwas andrücken und mit einer Scheibe Brot, die nicht belegt wurde, abschließen. Auskühlen lassen. Danach mit einem scharfen Messer die aufeinandergelegten Scheiben in Würfel oder Dreiecke schneiden und mit einer Käsekugel krönen. Die Käsecreme kann farblich durch feingewiegte Kräuter oder durch Paprikapuder verändert werden.

Tomatenschiffchen

Kleine Tomaten halbieren, aushöhlen und mit einer Käsetrüffel füllen.

Käserolle auf Cräcker

Eine große Scheibe Gouda-Käse der Länge nach mit einer Rolle aus Käsecreme (Rezept 3.) belegen. Die Käsescheibe fest drumherumlegen, so daß die Crememasse ganz davon umwickelt ist. Fest in Alufolie einschlagen und über Nacht auskühlen lassen. Erst kurz vor dem Verzehr je nach Belieben in 2-3cm dicke Scheiben schneiden und auf Cräcker anrichten.

Falls Cräcker zeitig angericht werden müssen, werden sie vorher leicht gebuttert. Durch das Fett entsteht eine Isolierschicht, die das zu schnelle Aufweichen der Cräcker verhindert.

Cräcker mit Käsecreme

Runde oder eckige Cräcker mit Käsecreme spritzen und garnieren.

Pflaumenspieße

Große entsteinte Trockenpflaumen zu einer Schale formen, mit Käsecreme bespritzen u. einer Mandarinenspalte belegen.

Käsetrüffel mit Pumpernickelkrumen.

Käsecreme

Rezept Nr. 1

Geeignet zum Spritzen
125 g Doppelrahmfrischkäse
2 El Schmand oder saure Sahne,
etwas fr. gemahlenen Pfeffer und Salz.
Die Zutaten in einer Schüssel zu einer glatten Masse verrühren.

Rezept Nr. 2

Geeignet zum Spritzen, Füllen und für Käsebissen.
60 g Butter (Zimmertemperatur) schaumig rühren
125 g Gorgonzola und
125 g Doppelrahmfrischkäse zuerst mit einer Gabel zerdrücken, dann mit
2 El Weinbrand ode Cognac zu einer glatten Masse verrühren, dann löffelweise zur Butter geben und verrühren. Mit 1 Salz-, Pfeffer- und Zuckerprise abschmecken.

Rezept Nr. 3

Besonders zum Füllen geeignet.
50 g Butter schaumig rühren, 200 g Doppelrahmfrischkäse darunterschlagen.
50 g sehr fein gewürfelten gek. Schinken
3 Gewürzgürkchen sehr fein würfeln, mit
2 El Sahne glattrühren, mit Salz-, Pfeffer- und Zuckerprise abschmecken.

Spießiges Allerlei

Spießer – 1. Platte:

- Käsewürfel mit Radieschenscheibe und gefüllter Olive.
- Käsewürfel mit Weintraube und Cocktailkirsche.
- 3-4 cm lange Käsestifte mit Schinken- oder Rauchfleischstreifen umwickelt, mit einer Perlzwiebel oder einer Gewürzgurkenscheibe ganiert.

Spießer – 2. Platte

- Scheibe einer Schlangen- oder Salatgurke, gespritzter Tupfen Käsecreme, Radieschen.
- Gurkenscheibe, Käsecreme, 3 Mandarinenspalten,
- Gurkenscheibe, Käsecreme, blaue und grüne Weintraube,

Die restlichen drei Spießer stehen auf Toastbrot. Hierfür wird das Toastbrot leicht getoastet, mit Butter bestrichen und mit genau passenden Käsescheiben belegt. Toastbrot in Quadrate von ca. 3 cm aufteilen oder größere Formen durch einen Diagonalschnitt halbieren. Diese Grundelemente werden durch weitere Zutaten zu Häppchen vervollständigt:

- ein kleines Eckchen Gorgonzola mit 1/2 Walnuß
- Tomatenscheibe, Eischeibe, gefüllte Olive,
- Käsebällchen in feingewiegter Petersilie gewälzt, Weintraube.

Weitere Vorschläge:

- Gewürzgurke, Käsewürfel, rote Paprikaecke, Perlzwiebel, · Tomatenscheibe, Käsebällchen, · Tomatenscheibe Gewürzgurkenfächer.

Käse - Skat

Emmentaler- oder Goudakäsescheiben genau passend zu Pumpernickel- oder Schwarzbrotscheiben schneiden. Mit Ausstechförmchen lassen sich die Kartenfarben Pik, Herz (Coeur), Karo und Kreuz, (Treff) ausstechen.
Zuerst die ganzen Scheiben buttern, im Wechsel aufeinander legen und ausstechen.

Pumpernickeltürmchen

Runde Pumpernickelscheiben mit Butter bestreichen. Im Wechsel Pumpernickel- und Käsescheiben einige Male übereinandersetzen, zusammenpressen und kühl stellen. Ganz o. in Formen geschn servieren.

Matjesfilet auf Pumpernickeltaler

8 Pumpernickeltaler mit Kräuterbutter bestreichen.

1-2 kleine Äpfel schälen, Kerngehäuse herausstechen, 8 Scheiben davon abschneiden, kurz blanchieren, abtropfen lassen, danach von beiden Seiten mit dem Saft

1/2 Zitrone bepinseln ud auf die Pumpernickeltaler legen.

1 Packung Doppelrahmfrischkäse mit

4 El Milch, 1 Pr. Zucker, Salz und Pfeffer verrühren und abschmecken.

8 Matjesfilets auf die Apfelscheiben verteilen. Einen Spritzbeutel mit Käsecreme füllen und einen dicken Tupfer in die freie Mitte spritzen.

2 kandierte Kirschen vierteln. Die Stückchen als Farbtupfer aufsetzen.

Schachbrett

4 Scheiben Toastbrot
4 Scheiben Schwarzbrot

Die Scheiben einseitig, aber dick mit Streichkäse bestreichen und jeweils eine Toast- und eine Schwarzbrotscheibe mit den bestrichenen Flächen aufeinanderlegen und zusammendrücken. Quadratisch zurechtschneiden und in 4 Quadrate aufteilen.
Jeweils 4 X 4 Würfel als großes Quadrat zusammensetzen und zwar so, daß ein farblicher Wechsel entsteht. Auf die einzelnen Schachbrettfelder Cocktailspießchen stecken.

Tips für die Vorbereitung

Die Zubereitung der kalten Köstlichkeiten ist sehr arbeitsintensiv. Eine gute Vorplanung ist darum notwendig.
Bei einem morgendlichen Empfang beginnt die Vorbereitung schon am Vorabend.

- Kräuterbutter herstellen und dafür sorgen, daß sie streichfähig ist.
- Ein Kastenbrot vom Vortag schneiden, buttern, Canapés ausstechen.
  Zum Aufbewahren locker übereinanderlegen, in Sichtfolie luftdicht einschlagen und im Kühlschrank aufbewahren.
- Die Auflage - z. B. Fleisch und Käse, auf Größe zuschneiden.
- Küchenkräuter und Obst waschen.
- Die Dekoration für Platten und Einzelstücke vorbereiten.
- Käsecreme herstellen.
- Käserolle für cräcker zubereiten (siehe Rezept)
- Alles luftdicht in Folie einschlagen.

Nicht vorher zubereiten lassen sich Baguettes und Brötchen. Sie schmecken frisch am besten. Vor dem Buttern und Belegen noch einmal kurz im Backofen aufbacken, damit sie schön rösch sind.

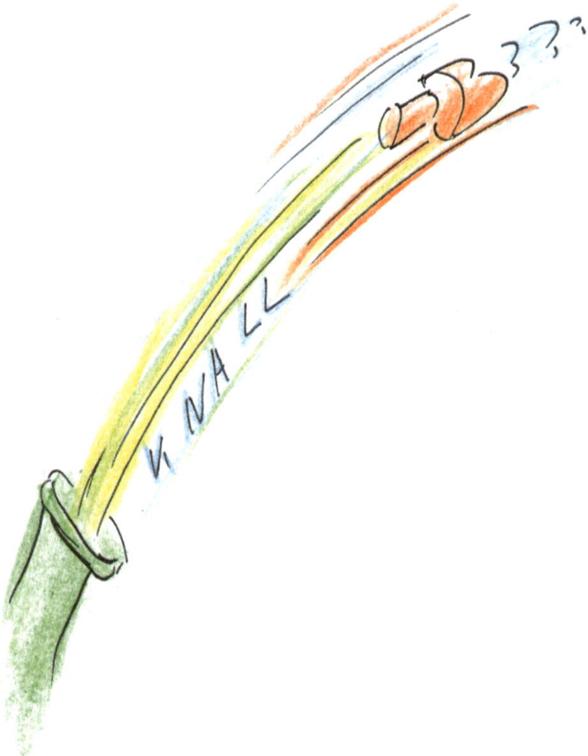

Essen und Trinken

hält Leib und Seele zusammen.

Sprichwort

Sekt-
frühstück

Das Sektfrühstück

„Sekt am Morgen," so lautet eine bekannte Bauernregel, „macht rosa Wölkchen bis zum Abend."
Neben dem obligatorischen Sekt können zum Sektfrühstück Weißwein oder Rosé, Orangensaft oder Wasser gereicht werden.
Das Sektfrühstück ist genau wie der Sektempfang eine Stehparty. Trotzdem ist es sinnvoll, je nach Alter der Festteilnehmer mehr oder weniger Sitzplätze zur Verfügung zu stellen.

Alles, was zu diesem Morgenempfang erforderlich ist, stellen Sie möglichst dekorativ auf einen großen, weißgedeckten Tisch oder auf eine Anrichte. Dazu gehören vor allem Teller, eine Menge Servietten und Besteck.

Zum Sektempfang werden nur kleine Leckerbissen angeboten. Trotzdem ist die Möglichkeit des Speisenangebots größer als beim Sektempfang.

die delikat belegten Canapés können größer zugeschnitten werden. Andere kulinarische Genüsse kommen hinzu und bereichern das Angebot.

Speisenangebote im Überblick und Plazierung

· Wie immer, werden zuerst die Vorspeisen plaziert: kleine Cocktailsalate, oder gefülltes Gemüse oder Obst mit pikanter Füllung.

· Es folgen gefüllte Fleischscheiben wie Roastbeef, gek. Schinken oder Zunge, dekorierte Medaillons, Canapés, aber auch dekorierte oder gefüllte Eihälften.

· Kleine Fischschlemmereien, wie z. B. gebeizter Lachs, gefüllte Lachsröllchen, geräucherte Forellenfilets, Fisch-Canapés, Krabbencocktail.

· Anschließend Käse, Obst, Dessert.

Anregungen finden Sie auf den folgenden Seiten!

Erdbeere mit weißer Schokolade.

Gefüllte Avocados

Allgemeine Zubereitung:

Die reifen Früchte werden der Länge nach halbiert, die Hälften gegeneinandergedreht, um das Fruchtfleisch vom Kern zu trennen. Den Kern herausnehmen.

- Sollen die Avocados unverändert gefüllt werden, beträufelt man die Schnittflächen sofort mit Zitronensaft, um sie vor Verfärben zu schützen.
- Je nach Belieben können die Avocados aber auch weiter ausgehöhlt werden, so daß rundherum ein Fruchtfleischrand von 1/2 - 1 cm stehenbleibt. Nach dem Aushöhlen sofort mit Zitronensaft beträufeln.

Verschiedene Füllungen

Krabbenfüllung

3 Avocados halbieren, Kerne entfernen. Von

200g Krabbenfleisch, zur Dekoration 1 El Krabben zurückhalten, das übrige Krabbenfleisch auf 4 Avocadohälften verteilen.
Aus den übrigen Avocadohälften das Fruchtfleisch herausheben und mit dem Saft
1 Zitrone, 1 Tl Mayonnaise, 1 Tl Doppelrahmfrischkäse, Salz, Pfeffer und
3 El Weinbrand verrühren. Die Mischung mit einem Spritzbeutel und einer Tülle auf das Krabbenfleisch spritzen.
Mit Kräutern und Krabben garnieren.

Gefüllte Avocados mit Lachs

2 Avocados halbieren
2 El feingeschnittenen Räucherlachs und
2 El säuerliche Apfelwürfelchen mischen, mit
Salz, Pfeffer und Zitronensaft würzen. Evtl. vorhandenes Avocadofruchtfleisch zerkleinern, zur Füllung geben und füllen.

Gefüllte Avocados mit Schinken

2 Avocados, 4 EL würflig geschn. Schinken, Salz, Pfeffer, Tomatenketchup, 2 Tl Sahne mischen und wie angegeben zubereiten.

Artischocken

Sie bilden keine sättigenden Mahlzeiten, sondern werden als appetitanregende Vorspeisen gereicht. Dabei sind bei uns die konservierten kleinen Artischockenböden- und herzen beliebter als die frischen Früchte.

Artischockenböden mit Artischockenpüree

6 Artischockenböden - davon 2 fein hacken und durch ein Sieb geben. Je
1 El Mayonnaise und 1 El Joghurt
1 Tl Zitronensaft zu einer feinen Creme verrühren. Mit Salz und Pfeffer abschmecken. Die Creme auf die restlichen 4 Artischockenböden verteilen.

Artischockenböden mit Krabben

125 g Krabben mit 1 El Mayonnaise und 1 El Schmand verrühren, mit Salz, Pfeffer und Zitronensaft abschmecken. Auf 4 Artischockenböden verteilen.

Gemüsehappen

Gefüllte Champignons

8 große Champignonköpfe – Stiele herausdrehen, Köpfe und Stiele putzen, abreiben, nicht waschen. Die Champignonköpfe mit Zitronensaft beträufeln, damit sie sich nicht verfärben. Die Stiele hacken und in 10g Butter kurz anbraten, danach abkühlen lassen.

3 hartgekochte Eier schälen und fein hacken

4 Radieschen waschen, putzen, fein hacken

1 Bund Kräuter der Saison fein hacken.

2 El Zitronensaft oder Weinessig unter Rühren langsam zu

2 El Öl geben. Mit Salz und etwas Pfeffer würzen. Die Zutaten mischen und in die Champignonköpfe füllen.

Tip:

Mit dieser Mischung können auch Tomaten gefüllt werden.

Variationen mit Gurke

oder Zucchini

Salatgurke oder Zucchini mit Schale in 3-4 cm lange Stücke schneiden. Die Kerne mit einem kleinen Löffel herausholen.

Vorschlag für die Füllung: Käsevariation

60 g Kochschinken
60 g Gouda
1 rote Paprikaschote jeweils fein würfeln.
60 g Doppelrahmfrischkäse mit etwas
Sahne glattrühren, mit den anderen Zutaten,
1 El Schnittlauchröllchen und
Saft 1 Knoblauchzehe vermischen.
Mit Salz und Pfeffer
würzen.

Serviervorschlag:

Mit frisch getoasteten Weißbrotscheiben und Butter anbieten.

Melone
mit Schinken

Honig – oder Netzmelone halbieren, mit einem Löffel die Kerne aus der Melone herausnehmen.

1/2 Honigmelone oder 1 Netzmelone in 4-8 Spalten schneiden. Das Melonenfleisch jeweils von den spitzen Enden aus entlang der Schale lösen, jedoch in der Mitte nicht ganz abtrennen. Kalt stellen.

4-8 rohe Schinkenscheiben oder Lachsschinken zu lockeren Rollen aufwickeln. Jede Melonenspalte mit 1-2 Schinkenrollen belegen.

Als erfrischende u. appetitanregende Vorspeise nur kleine Portionen reichen.

Eiskalte Zucker-oder Netzmelone

Melone halbieren, entkernen, in Spalten zerlegen. Ohne besondere Zusätze servieren. Ein paar Umdrehungen aus der Pfeffermühle geben den letzten Pfiff.

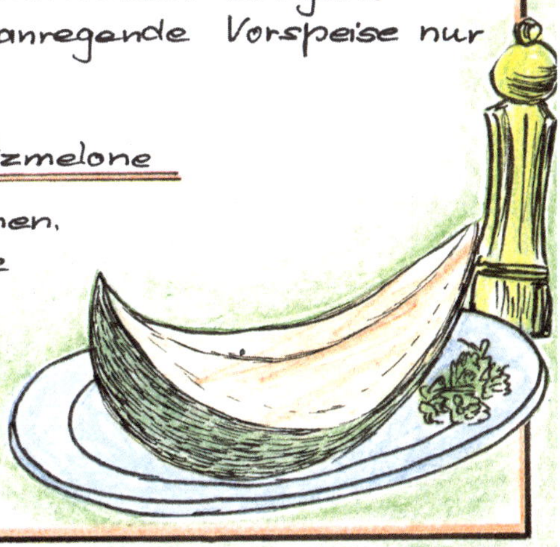

Melonenspalten mit Roastbeef und Käse

Zucker,- Netz- oder Wassermelonen entkernen und in nicht zu breite Spalten schneiden.
Eine locker aufgerollte Roastbeefscheibe darauflegen.
Je nach Belieben ein Stückchen Blauschimmelkäse, Doppelrahmkäse, Paprika- oder Kräuterquark auflegen.

Soll die Melone ein sättigender Imbiß an einem warmen Sommertag sein, so kann die Melonenspalte etwas größer geschnitten und üppig belegt werden.

So kann zum Beispiel die Spalte mit
1 Scheibe sehr fein geräuchertem Schinken,
1 Scheibe kaltem Wildbraten,
1 Scheibe gebratenem Hühnerfleisch und
Käse belegt werden.
Auch ein Klecks Preiselbeergelee paßt gut dazu.
Kräuterbutter und Stangenbrot können das Gericht vervollständigen.

Gefüllte Melonen

Runde, kurze Früchte haben eine natürliche Standfähigkeit. Die Früchte halbieren und die Kerne herauslöffeln. Das Fruchtfleisch bis auf einen kleinen Rand auslösen und in Würfel schneiden. Das Fruchtfleisch kann auch sehr gut mit Hilfe eines Kartoffelbohrers (Kugelbohrer) in Form von Melonenkugeln herausgebohrt werden.

Melone mit Geflügelsalat gefüllt

250 g zerkleinertes Melonenfruchtfleisch
250 g gekochtes, in Würfel geschnittenes Hühnerfleisch
125 g entkernte Weintrauben
2 Scheiben in Stückchen geschn. Ananas
3 El Mayonnaise mit
1 El Tomatenketchup
1 El Zitronensaft
wenige Tropfen Tabasco
abschmecken, mischen.
Getrennt bis z. Verzehr kühl halten, dann füllen.

Wenn's fleischlos sein soll ...

Melonenspalte mit Ananas-Dip angerichtet

Ananas-Dip

125 g	Ananas gut abtropfen lassen und in feine Stücke schneiden.
200 g	Doppelrahmkäse mit
1	Becher Crème fraîche
1 TL	geriebenem Meerrettich verrühren. Mit
Salz	und Pfeffer würzen, mit Ananasstückchen und Melissenblättchen garnieren.

Ananas-Dip-Variation

Statt Ananas Orangen, Erdbeeren oder Pfirsiche einsetzen.

Auch die kalten Dips, die zu Pellkartoffeln und Co gereicht werden, sind weitere Anregungen für das Anrichten von Melonenspalten.

Melone mit Alkohol

Eine kleine Melone halbieren, Kerne herauslöffeln und so viel von dem Fruchtfleisch herausheben, daß der entstandene Hohlraum mit gut einem Gläschen Portwein, Sherry oder Sherry mit Likör gefüllt werden kann.
Gefüllte Melonenhälften zudecken und kalt stellen. Das herausgelöste Fruchtfleisch in kleine Würfel schneiden und gut gekühlt vor dem Servieren dazugeben.
Bei Tisch wird dann mit großem flachem Löffel das festsitzende Fruchtfleisch herausgelöst.

Melonencocktail

Die Kerne aus der Melone herauslösen, mit dem Kartoffelbohrer Kugeln ausbohren u. in eine Glasschüssel füllen.
Mit Zitronens. v. 1 Zitrone, 2 El Cognac, je 1 Pr. Pfeffer und Salz würzen. 10-15 Min. ins Tiefkühlfach stellen, auf Gläser verteilen und mit Krabben o. Schinkenstreifen bestreuen.

Gemüse mit pikanter Füllung

Tomaten

Die Tomaten waschen, abtrocknen, die Stengelansätze vorsichtig herausschneiden und von der gegenüberliegenden Seite einen Deckel abschneiden. Das Tomateninnere mit einem Löffel herausholen, etwas salzen und füllen. Geeignete Salate: Eier- und Krabbensalat.

Tomatenkörbchen

Die Seite mit dem Stengelansatz bildet die Standfläche. Die Tomate von zwei Seiten so einschneiden, daß 2 Ecken herausgehoben werden können, zwischen denen ein Henkel stehen bleibt.

Mit dem Messer vorsichtig das Fleisch innen von der Schale lösen und in einzelnen Partien mit dem Löffel oder Messer herausnehmen.

Wenn das Körbchen fertig ist, kann es mit Salat gefüllt werden. Das herausgenommene Fruchtfleisch kann in Dips, Suppen und Soßen Verwendung finden.

Gourmet - Tomaten

4 Tomaten wie angegeben vorbereiten. Von innen mit etwas Zwiebelwürze oder Pfeffer würzen.
1 kleine Dose Champignons abtropfen lassen,
1 Paprika sehr fein würfeln.
1 große Ananasscheibe in kl. Stücke schneiden,
1 kleine Zwiebel hacken.
Die Tomatenkäppchen in sehr fein würfeln.
3 El Öl mit 1-2 El Essig verrühren, einige Tropfen Tabasco, 1 El geh. Petersilie zugeben. Alle Zutaten mischen, Salat kalt stellen.
100g Doppelrahmfrischkäse mit
2 El Dosenmilch, 1 Msp. Cayennepfeffer und etwas Rosenpaprika glattrühren. In einen Spritzbeutel mit Sterntülle füllen.

Die Tomaten mit der Salatmischung füllen u. auf jede Portion einen Tupfer Käsecreme spritzen, mit Rosenpaprika bestäuben oder mit gehackter Petersilie bestreuen. Auf Salatblättern anrichten.

Obst mit pikanter Füllung

Neben den fast streichfähigen Füllungen läßt sich Obst auch mit feinen Cocktail-Salaten füllen.

Geflügel-Cocktail

für Ananas und Pfirsich

Für die Füllung reicht etwa ein halbes Rezept.

150 g gekochten Spargel in ½ cm lange Stücke,
250 g Hühnerbrust in feine Würfel schneiden.
1 kleinen Apfel würfeln oder grob raspeln.
2 El Schmand, 2 El Mayonnaise,
1 El Salatkräuter, 1 Tl Zitronensaft.
Alle Zutaten mischen, mit
Salz, Pfeffer und Sherry abschmecken.
Zuerst die Salatsoße herstellen, damit die Apfelstückchen sofort mit der Soße vermischt werden können.

Birnenhälften mit Käsefüllung

2 große, reife Williams-Christbirnen waschen, der Länge nach halbieren, Kerngehäuse entfernen, Schnittflächen mit Zitronensaft beträufeln, mit der Schale füllen oder 4 Birnenhälften aus der Konserve nehmen.

125 g Doppelrahmfrischkäse mit
2 El saurer Sahne verrühren, mit Salz u. Pfeffer abschmecken, die Birnenhälften damit füllen.
2 gek. Schinkenscheiben halbieren, aufrollen. Birnenhälften mit Schinkenröllchen u. Petersilie garnieren.

Birne mit Preiselbeer-Käsefüllung

100 g Frischkäse, 2 El Sahne,
2 El Alkohol,
1 Pr. Zucker.

Zutaten verrühren, abschmecken. Birnenhälften mit Preiselbeerkompott füllen, Käsecreme darüber spritzen. Mit Preiselbeeren garnieren.

Grapefruithälften

gefüllt mit Grapefruit-Salat

2 Grapefruit halbieren, Fruchtfleisch vorsichtig herauslösen und die weiße Schalenhaut entfernen. Grapefruitfruchtfleisch und das
1 Orange mit einem scharfen Messer in grobe Würfel schneiden.
1 Banane der Länge nach durchschneiden, scheibeln.
250g Leicht gezuckerte Erdbeeren halbieren.
1 Chicoreestange halbieren, den bitteren Kern entfernen, in Ringe schneiden – oder
1/4 Kopf Eisbergsalat in Streifen schneiden.

Salatsoße:

2El Creme fraîche, 1 El Mayonnaise mit dem Saft
1/2 Zitrone verrühren.
Soße mit den Salatzutaten mischen, abschmecken, in Grapefruitschalen anrichten. Mit
geh. Pistazien bestreuen.
Kalt servieren!

Variante: Statt Erdbeeren Kiwi einsetzen.

Cocktailorangen

Die Orangen gründlich waschen, abtrocknen und oben ein Deckelchen abschneiden. Das Fruchtfleisch mit einem spitzen Messer herausholen und mit Salat füllen.

Serviermöglichkeiten:
Als Vorspeise, Snack an warmen Sommertagen, Angebot auf kalten Buffet-Tafeln.

Orangensalat auf mancherlei Art

Orangenbecher mit Käse

Herausgelöstes Fruchtfleisch grob hacken, mit
100 g Doppelrahmfrischkäse
1/2 grüne Paprika fein würfeln
4-5 Walnußhälften grob hacken. Alle Zutaten mischen, mit Salz u. Pfeffer würzen, Orangen füllen.

Variante: Man nimmt zu gleichen Teilen Orange-, Apfel- und Tomatenstückchen. Die Doppelrahmfrischkäse-Soße mit etwas Senf abschmecken.

Orangenbecher mit Wein und Saft

Zu gleichen Teilen Orangen, Bananen und Weintrauben einsetzen. Mit Zucker bestreuen, mit Weißwein oder Orangensaft bedeckt ruhen lassen. Vorm Anrichten m. gehackten Mandeln bestreuen.

Gefüllte Fleischscheiben

- Roastbeef
- gekochter Schinken
- Zungenscheiben
- Kasseler Aufschnitt

können sowohl mit einer streichfähigen Füllmasse als auch mit Gemüse gefüllt werden.
Auch bei Gemüsefüllungen wird in der Regel die Fleischscheibe zusätzlich mit einer glatten, streichfähigen Masse bestrichen.

Hierfür eignet sich besonders gut eine Frischkäse - Füllmasse mit Mayonnaise:

Die vorgesehene Menge kann zu 2/3 aus Doppelrahmkäse und 1/3 aus Kräuterkäse bestehen, so viel Mayonnaise zugeben, bis die Masse streichfähig ist.

Kleine Fischschlemmereien kalt serviert

Geräucherte Forellenfilets

Vom Räucherfisch werden Haut und Gräten entfernt. Wahlweise können die Fischfilets auf Portionstellern oder auf einer Platte angerichtet werden.

Wieviel Forellenfilets für jeden?

a) Als Vorspeise:

In der Regel gilt, pro Portion 1 Forellenfilet, angerichtet mit einer Dekoration.

Beispiel:

1 Salatblatt mit
1 Butterkugel,
1 Zitronenscheibe,
1 Ecke Toastbrot, je nach Belieben mit etwas Meerrettich-Sahne.

b) Als kleine Abendmahlzeit:

Pro Portion rechnet man etwa 2 Forellenfilets. Angerichtet werden die Portionen vorteilhaft auf flachen Tellern des Eßgeschirrs. Sie bieten mehr Platz für ein weiteres Speisenangebot.

Beispiele für Ergänzungen:

- 2 Toastbrotecken, Toastbrot leicht toasten, diagonal schneiden.
- 1-2 Butterkugeln oder Butterlocken auf ein Salatblatt legen.
  Toastbrot kann auch separat angeboten werden.
- Eine Dekoration mit Obst dient gleichzeitig der Optik, der Sättigung und erhöht zudem das Speisenangebot.

Geeignete Obstarten

- ½ Birne oder
- ½ Pfirsich, gefüllt mit Preiselbeermarmelade o. Preiselbeersahne.
- 1 Kiwi in Scheiben geschnitten und schuppenförmig aufgelegt.
- Gut abgetropfte Sauerkirschen auf einem Salat- oder Spinatblatt anrichten.
- Blaue oder grüne Weintrauben.
- Als Dekoration dienen vor allem Apfelsinen- und Zitronenscheiben.

Als weitere Dekoration und geschmackliche Ergänzung kann etwas Soße auf den Räuchertisch, auf eine Obstscheibe oder auf ein Salatblatt gespritzt werden.

· Vervollständigen läßt sich das Gericht durch Kartoffelsalat,
gemischten Salat oder durch beliebige Dips.

Makrelenfilets

Die geräucherte Makrele wird genauso zubereitet wie die geräucherte Forelle.
Da die Makrele größer und zudem wegen ihres höheren Fettgehaltes sättigender ist, reicht 1 Makrele als Vorspeise meistens schon für 4 Personen.
Für ein kleines Abendessen wird entsprechend mehr genommen.
Entscheidend für die Portionsgröße ist auch das weitere Speisenangebot.

Bei Makrelenfilets sollten Sie jedoch berücksichtigen, daß sie meist noch

sehr viel kleine Gräten enthalten. Diese entfernt man am besten mit Hilfe einer Pinzette.
Als Getränk paßt ein kühles Bier oder ein klarer Schnaps.

Geeignete Soßen zu Räuchertisch

Preiselbeersahne

für ca. 8 Personen

1 Becher Sahne steif schlagen
3-4 El Preiselbeeren und
1 Tl Crème fraîche unterrühren, mit etwas Senf, Salz u. 1 Pr. Meerrettich pikant abschmecken.

Preiselbeer-Soße

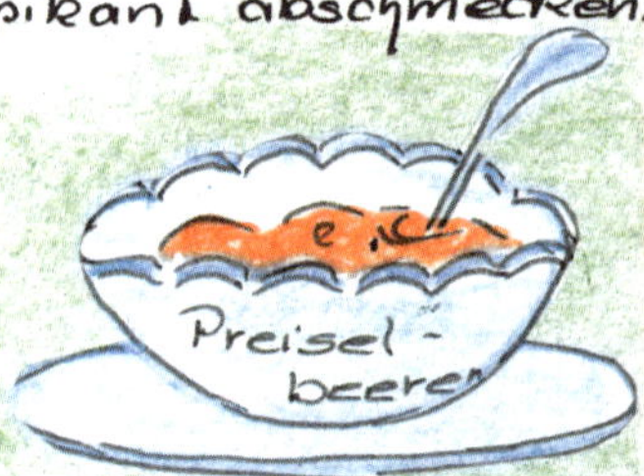

3 El Preiselbeermarmelade,
3 El Weißwein,
1 Tl Crème fraîche. alles mit etwas Senf verrühren u. abschmecken.

Meerrettichsahne

1 B. Sahne mit ½ P. Sahnesteif schlagen, mit reichlich Meerrettich, Zitronensaft, Salz u. 1 Pr. Zucker pikant abschmecken.

Gefüllte Lachsröllchen

Meerrettich-Apfel-Füllung f. ca. 20 Lachsscheiben

Etwa 1-2 geriebenen Meerrettich mit 1 gerasp. Apfel, 2 El Crème fraiche u. etwas Zitronensaft mischen. Scheiben mit der Füllung bestreichen und aufrollen.

Crêpes mit Lachs

Crêpes abbacken, erkalten lassen, dünn mit einer Füllmasse bestreichen, mit ger. Lachsscheiben belegen, aufrollen u. in ca. 5mm dicke Scheiben schneiden. Füllmasse siehe Seite 210, mit Schnittlauchröllchen u. Dill abschmecken.

Crêpes

Aus 175g Mehl, 1 Pr. Salz, 1/4 l Milch u. 3 Eiern einen dünnflüssigen Pfannkuchenteig rühren.
2 El zerlassene Butter darunterschlagen. Von diesem Teig 8 dünne Pfannkuchen ohne Fett braten.

Serviervorschlag: Vorspeise oder als kleines Abendessen mit Salat und Stangenbrot servieren.

Anrichtevorschlag: Zusammen mit Lachsscheiben, Lachspastete (siehe Band I) oder Forellenhappen anrichten. Mit Dill garnieren.

Lachs mit Zitronen-Dill-Soße

1 kleine Zwiebel fein würfeln und in
1 El Butter andünsten.
½ Tl Speisestärke darüberstäuben, Saft
1 Zitrone und 100g frische Sahne zugießen
2 El Crème fraiche unterrühren und mit
Salz und Pfeffer abschmecken.
1 Bund Dill waschen, trockenschütteln. Einige Wedel zum Garnieren beiseite legen, den Rest hacken und unter die Soße rühren. Aus
1 Netz- oder Zuckermelone mit einem Kugelausstecher Kugeln herausbohren.

Lachs auf Tellern anrichten, Melonenkugeln dazu legen und ganz leicht mit schwarzem Pfeffer bestäuben. Mit Stangenbrot und der abgekühlten Dillsoße servieren.

Melonenspalte mit Lachs

Mit Stangenbrot und einem Dip oder einer Soße oder einer Füllung servieren.

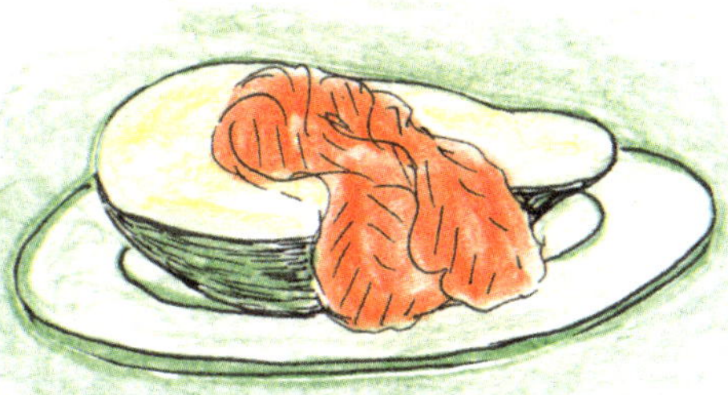

Avocado mit geräuchertem Lachs

Die reifen Früchte der Länge nach halbieren und sofort mit Zitronensaft beträufeln und mit geräuchertem Lachs servieren.
Je nach Belieben können die Früchte weiter ausgehöhlt, mit einer Füllung versehen und mit Lachs abgedeckt werden.

Rezepte für Füllungen

Käsefüllung

100 g Blauschimmelkäse zuerst mit der Gabel zerdrücken, dann mit
200 g Kräuterfrischkäse u. 2 El Sahne verrühren.
100 g Gouda in Würfel schneiden und zugeben, mit
1 Tl Zitronensaft, Salz und Pfeffer und zusätzlich mit Schnittlauch und Basilikum würzen.

Schinken-Käse-Füllung

100 g gek. Schinken würfeln
100 g Gouda würfeln
100 g Essiggürkchen mit
1 Becher Kräuter Crème fraiche mischen.

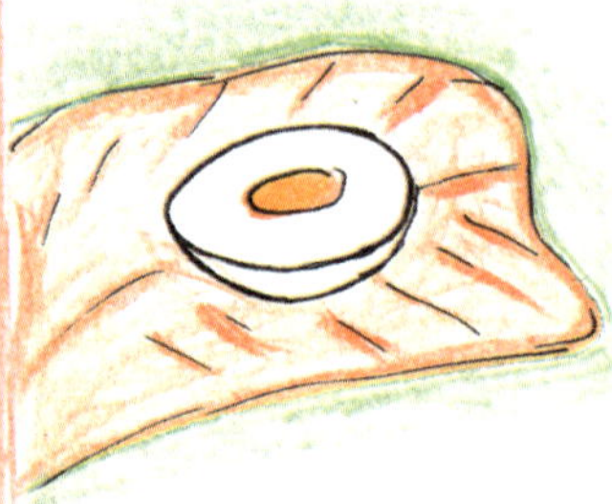

Eier - Lachsfüllung

200 g Kräuterfrischkäse mit
2 El Sahne verrühren.
1 hartgekochtes Ei würfeln
50 g Räucherlachs würfeln.
Alles mischen. Mit
Salz und Pfeffer abschmecken.

Helgoländer - Füllung

2 - 3 Scheiben Ananas in sehr feine Stückchen schneid.
125 g Krabben
3 El Mayonnaise
1 El Zitronensaft
2 El Cognac. Alle Zutaten mischen. Mit Pffer und
Salz würzen.

Salate als Füllmasse

Auch würzige, feingeschnittene Salate können als Füllung dienen.
Hierfür geeignete Salate:

- Geflügelsalat seite 220,
- Wurstsalat seite 219,
- Eiersalat seite 219,
- Maissalat Seite 120,
- Krabbencocktail seite 103.

Salate – auch zum Füllen geeignet

Erbsen - Eier - Salat

1 Packung gefr. Erbsen nicht zu weich kochen,
4 hartgekochte Eier grob würfeln
200g gek. Schinken oder Fleischwurst in Streifen schneiden. Erbsen und Schinken mit der Soße mischen, die Eier beim Anrichten schichtweise mit Erbsen und Schinken in eine Glasschüssel oder in Gemüse füllen. Mit Meerrettich - Mayonnaise anmachen.

Schweizer Wurstsalat

150g Fleischwurst,
150g Zwiebeln,
150g Gewürzgurken,
Die Zutaten sehr fein würfeln und mit einer Vinaigrette (Seite 98) anmachen

Meerrettich - Mayonnaise

4 El Mayonnaise, 3 El Sahne oder Dosenmilch,
1 Tl Meerrettich, mit Salz u. Zucker abschmecken.

Früchtiger Geflügelsalat

Salatsoße:

5 El Mayonnaise mit Sahne glattrühren
1 El gehackte Petersilie zugeben, mit
Salz, Pfeffer, Worcestersauce, Zitronensaft u.
Ananassaft abschmecken.
1/2 Huhn, 1 kl. Dose Spargelspitzen,
2 Äpfel, 2 Bananen,
3-4 Ananasscheiben, 1 grüne Paprika.
Alle Salatzutaten würfeln, sofort in die Soße geben, mischen, gut durchziehen lassen. Danach in eine mit Salatblättern ausgelegte Salatschüssel füllen.

Käsesalat à la Beatrix

250 g Gouda (mittelalt) mit
500 g kleinen, kernlosen Weintrauben,
50 g grob gehackten Walnüssen und Salatsoße mischen. Gut durchziehen lassen.

Soße:

75 g Mayonnaise mit Dosenmilch glattrühren, mit
2-3 El Zitronensaft abschmecken.

Tomaten - gefüllt mit Ölsardinen

6 Portionen

6 mittelgroße Tomaten - Deckel abschneiden, die Früchte aushöhlen. Die Tomaten mit der Öffnung nach unten auf Küchenkrepp legen.
100g Ölsardinen auf ein Sieb geben, abtr. lassen.
200g Essiggürkchen in ganz feine Würfel schneiden,
2 Frühlingszwiebeln fein hacken.
Ölsardinen, Gürkchen und Zwiebeln mischen.
Mit 2 Tl. Zitronensaft abschmecken.
Die Tomaten mit der Mischung füllen, Deckel auflegen, auf Salatblättern anrichten.

Tomaten - gefüllt mit Thunfisch-Gurken-Cocktail

6 Portionen

200g Thunfisch auseinander zupfen
100g Essiggürkchen in feine Würfel schneiden
1 Tl Tomatenmark, 1 Döschen Kräuter-Crème fraiche
1 El Mayonnaise. Die Zutaten mischen. Mit schwarzem Pfeffer, ein paar Tropfen Tabasco Sauce und mit ein wenig Zitronensaft abschmecken.

Variante: Statt Essiggurken 1/2 grüne Papikaschote würfeln.

Orangenbecher mit Krabbensalat

Von 4 Orangen das Fruchtfleisch herauslösen, grob hacken,
50 g Schinken, 2 Sch. Ananas
2 El eingel. Tomatenpaprika würfeln,
100 g Krabben, 2 El Mayonnaise,
1 El Essig, 1 El Tomatenketchup zugeben. Alle Zutaten mischen, mit Salz u. Pfeffer würzen.

Rollmops mit Joghurtdip

2 Becher Joghurt (à. 150 g) mit
2 El Mayonnaise verrühren, mit Salz, Zucker u.
Senf abschmecken.
4 Gewürzgurken in lange, dünne Stifte schneid.
4 säuerliche Äpfel, 3 davon würfeln. Den 4. Apfel vierteln, in Stifte schneiden u. mit dem Sud der Gewürzgurken bedecken.
4 Lauchzwiebeln in Ringe schneiden, zusammen
mit 1 Tl eingelegte grüne Pfefferkörner zur Soße geben.
4 Bismarckheringe abtropfen lassen u. längs halbieren, mit Apfel- und Gurkenstiften belegen und aufrollen. Mit Zahnstocher feststecken. Schmeckt besonders gut zu Bratkartoffeln.

Gebackene Thunfischbrötchen

200 g	Thunfisch
125 g	Blauschimmelkäse und
3	Eier würfeln (gekochte)
½	Tasse Mayonnaise
1-2	grüne Pfefferschoten u. 2 Zwiebeln hacken
2 El	gehackte gefüllte Oliven
100-150 g	süßsaure Gürkchen hacken
	Alle Zutaten miteinander vermischen.
6	Sandwichbrötchen aushöhlen und mit der Masse füllen.

Die gefüllten Brötchen können in Alufolie gewickelt weggestellt werden.
Vor dem Verzehr müssen sie nur noch 30 Min. bei 200° in der Alufolie aufgebacken werden
Mit einem Salat Ihrer Wahl servieren.
Als Getränk paßt Bier.

Allerlei vom Ei ...

- Eischeiben schuppenartig angerichtet, abwechselnd mit Olivenscheiben und Tomatenscheiben belegt.

- Ein halbes gekochtes Ei mit Roastbeef-Röllchen, gefüllt mit Mayonnaise

- Ein halbes gekochtes Ei mit Schinkenröllchen und Dillwedel.

- Ein halbes gekochtes Ei mit Mayonnaise-Eigelb-Creme bespritzt.

- Ein halbes gekochtes Ei mit etwas Kaviar garniert.

Gefüllte Eier

Eier hart kochen, der Länge nach halbieren. Dotter herausnehmen und durch ein Sieb drücken.
Etwa 4 El Mayonnaise mit 6 Eigelb verrühren. Je nach Belieben mit einer der nachfolgenden Zutaten verrühren, abschmecken und in die Eihälften spritzen. Beliebig verzieren.

- Tomatenmark
- gewiegte Petersilie
- Sardellenpaste
- geriebener Käse
- feingehackter Schinken.

Pilz: Von einem gepellten Ei eine Kappe abschneiden, einen ausgehöhlten Tomatendeckel aufsetzen. Auf Salatblättern oder Mayonnaise-Spiegel anrichten.
Unten: Gurkenscheibe, gefüllte Eihälfte, Schwarzbrotsegel, Salzstange – auf Salat angerichtet.

Lukullische Genüsse auf Meterbroten

Für diese pikanten Genüsse eignen sich am besten die etwas dickeren Stangenbrote (Pariser Brote). Sie werden der Länge nach halbiert, mit Butter bestrichen und ca. alle 6 cm tief eingeschnitten, aber nicht durchgeschnitten.
Jeder Abschnitt wird üppig mit kulinarischen Genüssen belegt. Man serviert die Brote auf einem großen Holzbrett. Damit jeder Gast sich selbst bedienen kann, legt man ein scharfes Messer daneben.
Beim Belegen der Stangenbrote ist darauf zu achten, daß farbenfreudige Zutaten mit weniger farbigen abwechseln. Damit das Auge wirklich mitgenießen kann, spielt die Garnierung eine große Rolle.

Vorschläge zum Belegen und Garnieren von Meterbroten

Mit Fleisch:

- gekochter Schinken mit Gurkenfächer garniert,
- Bratenscheibe mit Ananas und einem Petersilienblättchen verziert,
- Tomatenscheiben schuppenförmig aufgelegt, mid einem Tupfer Käsecreme gekrönt,
- mit Kiwischeiben dicht belegt, zerkleinertes Hühnerfleisch locker darauf gelegt,
- angemachtes Tartar mit kleingeschnittenen Gewürzgurkenwürfeln oder Zwiebelringen,
- mit Käsecreme (Rezept 3) dick bestrichen und mit kleingeschnittenen Schinken- und Gewürzgurkenwürfeln bestreut,
- mit Lachsschinkenröllchen (Lachsschinkenscheiben mit Käsecreme bestrichen aufgerollt) und Petersilie.
- feingeschnittene Wiener Würstchen mit scharfem Senf betupft.

Mit Meeresfrüchten:

- Krabben leicht mit Mayonnaise angemacht, mit Dillspitzen garniert,
- entgrätete Ölsardinen mit Zitronensaft beträufelt.
- Salatblatt mit Mozarella-Käsescheibe und Tomatenscheibe belegt und mit getrocknetem Oregano bestreut.

- Thunfisch aus der Dose, mit gehackter Petersilie bestreut,
- Marinierte Champignons in Scheiben geschnitten, mit Paprikapuder oder mit gehackter Petersilie bestreut,
- Rollmops mit Zwiebelringen,
- dick mit Käsecreme bestrichen und gewürfeltem Räucherlachs überstreut.
- hartgekochte Eier in Scheiben geschnitten, mit feingehacktem Schnittlauch bestreut oder Kaviar belegt.

Vorwiegend vegetarisch ausgerichtet:

Stangenbrote mit Kräuterbutter bestreichen.

- Salatblatt mit Mozarella-Käsescheibe belegt, Olivenscheiben diagonal darauf angerichtet, mit getr. Oregano bestreut,
- mit Radieschenscheiben belegt und feingewiegtem Schnittlauchröllchen bestreut,
- marinierte, blättrig geschnittene Champignons mit (entkernten) Tomatenstückchen gemischt, mit geh. Petersilie bestreut,
- dick aufgetragene Käsecreme mit Tomatenwürfel und Schnittlauchröllchen bestreut,
- marinierte grüne Paprika – und Tomatenschnitzel mit einem Tupfer aus Käsecreme garniert,
- mit Gorgonzola-Käsescheiben belegt und kleingehackten Walnüssen bestreut.
- schuppenförmig aufgelegte Tomatenscheiben mit Mozarellawürfeln u. getr. Oregano bestr.,
- abgetropfter Waldorfsalat mit Mandarinenspalten belegt.

Gefüllte Paprika - Snacks

1 mittelgroße rote und grüne Paprikaschote, die Stielansätze der Paprikaschoten herausschneiden, vorsichtig die Trennwände und die Kerne entfernen, waschen und trockentupfen.

Füllung:

40 g Butter,
300 g Doppelrahmfrischkäse und
150 g Edelpilzkäse zusammen verrühren.
10 gefüllte Oliven und
2 El Kapern fein hacken und untermischen.
Die Masse mit
2 El feingehackter Petersilie, Salz und 1 zerdrückte Knoblauchzehe zugeben, mit Pfeffer abschmekken und in die Paprikaschoten füllen. In Alufolie einwickeln und etwa 2 Stunden im Kühlschrank lagern. Zum Servieren die Paprika in Scheiben schneiden, mit Olivenscheiben garnieren und auf Salatblättern anrichten.

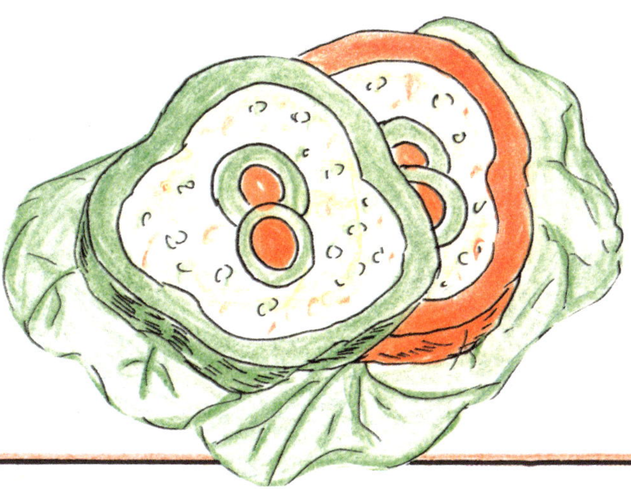

„Das Auge ißt mit!"

Pfiffig dekoriert mit einfachen Mitteln

Variationen mit Radieschen

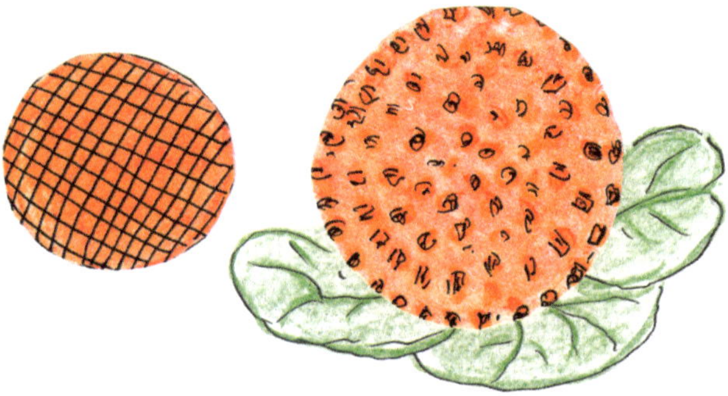

Radieschen-Igel

Hierfür wird das Radieschen längs und quer fast bis zur Mitte eingeschnitten. Nicht durchschneiden! Etwa 1½ Stunden in eine Schüssel mit kaltem Wasser legen. Es öffnet sich und sieht wie ein Igel aus.

Radieschen-Blüte

Radieschen mit 12 Schnitten bis zum Stielansatz einritzen. Die „Blätter" mit der Messerspitze abschälen, zum „Aufblühen" in kaltes Wasser legen.

Radieschen-Mäuse

Radieschengrün abschneiden, einen kleinen Rest für die Schnauze stehen lassen.

Eine Standfläche und 2 weitere Scheiben für die Ohren abschneiden.
Die Ohreneinschnitte machen und die Scheiben hineinstecken.
Augenkerben ausschneiden.
Radieschenmaus auf Kressebeet.

Gurkenvariationen

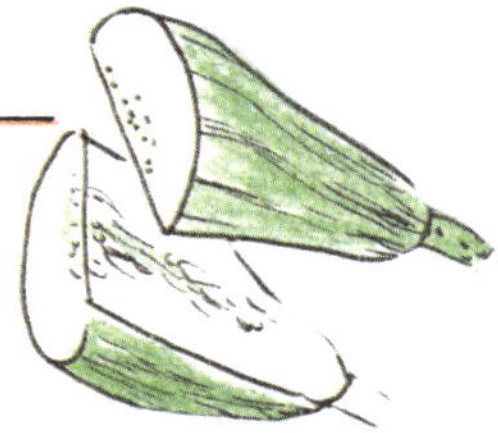

Gurkenfächer

von einer kleinen Salatgurke oder einer Zucchini.

Das Stielende schräg abschneiden und halbieren.
Das Gurkenstück der Länge nach sehr dicht nebeneinander einschneiden, dabei einen Ansatz stehen lassen.
Die Gurkenstücke fächerartig auseinanderziehen.

Gurken- und Tomatenscheiben im Wechsel schuppenförmig übereinandergelegt.

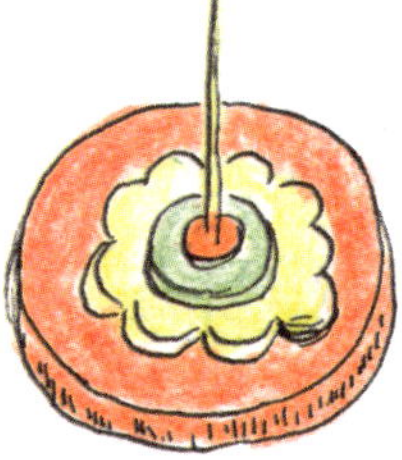

Die ausgestochene Gurkenscheibe liegt auf einer Tomatenscheibe
Das Ausgestochene einer Gurkenscheibe mit Olivenscheiben auf Tomatendeckel spießen.

Gurkenblüte

Salatgurke längs in dünne Scheiben schneiden und längs zusammenklappen. Wie einen Kamm einschneiden. Gurkenscheiben zusammenrollen.
An der Seite ohne Schale mit einem Holzstäbchen zusammenstecken.
Die Gurkenblüte vorsichtig auseinanderziehen.
Paßt zu Salat-, Fisch-, Wurstplatten, zu gedünstetem oder gebratenem Fisch.

Gurken-Flügel

Gurken in dicke Scheiben schneiden. Zum weiteren Schneiden das Messer schräg ansetzen und zweimal spiralförmig herumschneiden, ohne abzusetzen.
Die Spiralenden auseinanderziehen, nach innen biegen, so daß ein „Flügel" entsteht.

Variationen mit Tomaten

Tomatenrose

Eine Tomate vorsichtig schälen, die Schale zu einer Rose drehen, auf eine Gurkenscheibe setzen.

Tomatenkörbchen

Von einer Tomate so viel abschneiden, daß ein Henkel stehenbleibt, Petersilie hineinstecken.

Rettich-Rosette

Rettich schälen und mit einem scharfen Messer der Länge nach in sehr dünne Scheiben schneiden oder hobeln.
Die Scheiben in der Mitte in 1/2 cm Abstand quer einschneiden, seitlich jeweils einen 1/2 cm breiten Rand stehen lassen.
Die Scheiben längs überklappen (wie bei Papierrosen) und zu einer Rosette aufrollen.

„Glücklich ist einer, der Freunde hat,
die ihn auch dann nicht von der
Liste streichen,
weil er sie mal zu ungelegener
Zeit besuchte
und nicht gleich ging, als es Zeit war."
(Balling)

Zwanglose Treffs
zu verschiedenen
Anlässen . . .

Zwanglose Treffs zu verschiedenen Anlässen

Anlässe zum Feiern gibt es immer.
Man trifft sich zu Geburtstags- und Jubiläumsfeiern, zur Hauseinweihung, zum Nachbarschaftsfest, zu Examens- und Schulentlassungsfeiern und und und ...
Bei diesen und ähnlichen Anlässen heißt es oft: „Ab 11 Uhr ist bei uns Haus der offenen Tür."

Man kann also um 11 Uhr kommen, muß aber nicht. Denn solche Einladungen verpflichten nicht zur Pünktlichkeit. Und hat ein Gast erst am Nachmittag Zeit, so kann er auch dann noch voll einsteigen. Während sich die ersten Gäste zum Teil schon wieder verabschieden, nehmen die später Hinzugekommenen den Nachmittagskaffee mit Kuchen ein.
Oder man hat Zeit und genießt die Feier von 11 bis zum späten Nachmittag. Kommen und Gehen bringen nicht nur Abwechslung, sondern auch vielseitige Kontakt- und Gesprächsmöglichkeiten und sorgen für eine gelockerte Atmosphäre.

Die Gäste werden meistens mit einem Glas Sekt begrüßt. Später wird durchweg auf Bier umgestiegen oder auf Wasser und andere alkoholfreie Getränke.

Zur Mittagszeit gibt's einen Imbiß. Suppen schmecken immer. Es können sowohl klare Suppen, Creme-Suppen oder Partysuppen angeboten werden. Brötchen vervollständigen die Suppenmahlzeit. Zudem sind Fleischspeisen sehr beliebt.

Anregungen:

· Suppenmahlzeit

Zu üppigen fleischhaltigen Party- oder Mitternachtssuppen sind Partybrötchen, Toast- oder Stangenbrote passende Ergänzungen. Das gilt auch für gebundene gehaltvolle Creme-Suppen, wie z. B. Käse-, Porree- oder Tomatensuppe.

Die Ergänzung zu einer klaren Brühsuppe kann eine Käseplatte mit Brot, Brötchen und Kräuterbutter sein.

Weitere Möglichkeiten:

- Brühsuppe und
  Blätterteigpastetchen, gefüllt mit Hühnerfrikassee;
- Geschnetzeltes mit Brot;
- Bratwurst mit Kartoffelsalat,
- reichlich belegte Schnittchen,
- gefüllte, überbackene Brötchenhälften oder
- Baguettes.

Der Phantasie sind hier keine Grenzen gesetzt. Entsprechende Rezepte finden Sie in Band I. Doch ist bei der Auswahl auch die Arbeitsintensität zu berücksichtigen.

Während z. B. bei den meisten genannten Angebote zusätzlich Geschirr eingedeckt werden muß, können Schnittchen oder gefüllte Brötchenhälften nur mit Zellstoffservietten gereicht werden.

Im Laufe des Nachmittags wird Kaffee mit beliebigem Gebäck serviert. Strenge Regeln, an die man sich halten muß, gibt es nicht. Es wird alles recht locker gesehen. Man gestaltet und serviert nach eigenem Gutdünken.

Alles dreht sich um's Buffet

Buffets sind eine sehr zeitgemäße Art der Gästebewirtung. Schon seit Jahrzehnten erfreuen sie sich größter Beliebtheit. Für seine Wertschätzung gibt es viele Gründe.

- Buffets eignen sich ideal für die verschiedensten Anlässe, die man festlich begehen möchte.
- Sollen Feste im größeren, gesellschaftlichen Rahmen stattfinden, lassen sich alle Bewirtungsprobleme spielend lösen. Bei kleineren, weniger offiziellen Anlässen kann die Bewirtung der Gäste ohne Fremdhilfe durchgeführt werden.

Das Buffet schafft eine lockere und ungezwungene Atmosphäre

Die Gäste können nicht nur individuell ihre Speisen wählen, sie können sich auch ungezwungener bewegen und den Unterhaltungspartner je nach Belieben wechseln. Dadurch werden gute Kontakt- und Gesprächsmöglichkeiten und eine gelockerte Atmosphäre geschaffen. Das schätzen vor allem die jungen Leute.
Je nach Anlaß kann ein großes festliches oder ein einfaches, rustikales Buffet den richtigen Rahmen für eine Feier bieten.

Planung

Das gute Gelingen eines Festes setzt bekanntlich eine gute Vorplanung voraus. Überlegen Sie deshalb rechtzeitig, in welchem Rahmen Sie Ihr Fest begehen möchten.

Wenn Sie Ihr Buffet unter ein ganz bestimmtes Motto stellen, wird vieles einfacher, für Sie als Gastgeber, aber auch für die Gäste. So unterscheidet sich zum Beispiel ein Buffet in Verbindung mit einem Maigang zwangsläufig von einem Buffet, das zum Erntedank ausgerichtet wird. Nach einem Leitgedanken ist es einfacher, eine Speisenauswahl zu treffen, Tischdekoration, Material, Farben und Blumen mit dem Thema in Harmonie zu bringen, bzw. die Jahreszeit zu symbolisieren.
Wie heißt es so schön: „Das Ambiente muß stimmen."
Die Gäste können sich, wenn ihnen das Motto bekannt ist, natürlich besser auf die Feier einstellen.

Wieviel für jeden Gast . . .

Damit man die notwendige Nahrungsmittelmenge überschlagen, bzw. besser berechnen kann, können folgende Zahlen als Anhaltspunkte dienen.

- Fleisch und Fisch etwa 250 g,
  einbezogen sind die Mengen, die im Fleisch- und Fischsalat enthalten sind.
- Gemüse 150 - 200 g,
  einbezogen sind alle Salate,
- Obst etwa 100 g,
  einbezogen sind Frischobst und Fruchtsalat,
- Käse 75 - 100 g,
- Brot etwa 100 g,
- Butter 40 - 50 g.

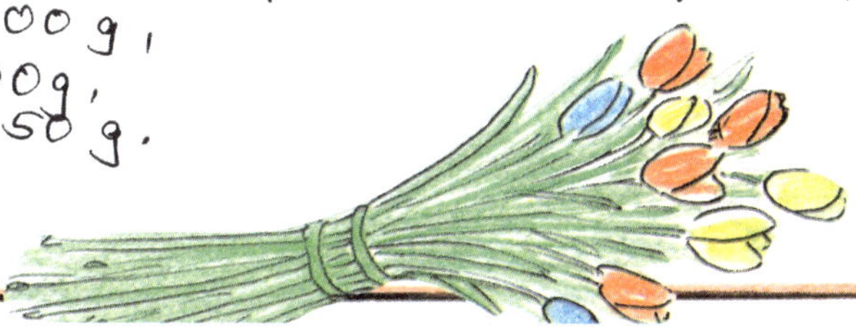

Mögliche Vorbereitungsarbeiten für ein Buffet

Arbeitsüberlastung, Hektik und Streß am Festtag lassen sich weitgehend vermeiden, wenn man Speisen auswählt, die sich gut vorbereiten lassen, und wenn man die möglichen Vorbereitungsarbeiten rechtzeitig in Angriff nimmt. Eine genaue Speisenplanung muß also früh genug vorliegen.

Checkliste für mögliche Vorbereitungsarbeiten

2 Tage vorher:

- Laut Einkaufsliste – damit in der Aufregung nichts vergessen wird, das Fehlende besorgen, z. B. Fleisch, Fisch, Gemüse, Obst, Sahne, Brot, Butter.
- Den Raum ausrichten,
- Vasen, Geschirr und Gläser bereitstellen.

1 Tag vorher:

- Das Fleisch braten, Soße zubereiten,
- Salate aus gekochtem Gemüse und Schichtsalate herstellen.
- Blattsalate waschen, luftdicht in Kunststoffdosen kühl lagern – gut abtropfen lassen, jedoch nicht schleudern, keine Rippen entfernen.
- Weiteres Rohkostgemüse so weit wie möglich vorbereiten, abdecken, dunkel und kühl lagern.
- Salatsoßen zubereiten,
- Füllungen für Obst, Fleischscheiben, Schwarzbrotecken zubereiten,
- Süßspeisen herstellen,
- Garnituren für Platten vorbereiten,
- Blumen in Vasen und Schalen füllen, die Stiele dabei tief in frisches Wasser stellen.
- Blumenschmuck an einem kühlen abgedunkelten Ort aufbewahren.

- Das Buffet wird aufgebaut und die Gläser werden bereitgestellt.

Am Festtag

- Nicht nervös werden!
- Fleisch-, Fisch-, Rohkostplatten und Schlemmerhäppchen herstellen, bzw. anrichten.
- Getränke kalt stellen,
- etwa 3 Stunden vorher in einem kühlen, abgedunkelten Raum anrichten. Die Platten evtl. mit Klarsichtfolie abdecken.

Die Speisenfolge

Die Speisen eines Menüs werden immer in einer ganz bestimmten Reihenfolge gereicht.
Das Festtagsmenü kann je nach Wunsch des Gastgebers eine beliebige Anzahl von Gängen aufweisen.
Kaum jemand wird wohl die ganze Palette von Möglichkeiten, kalte Vorspeise, Suppe, warme Vorspeise, Zwischengericht, Hauptgericht, Dessert und zum Abschluß einen Digestif, s. 251. zum Mocca oder Kaffee servieren.
Beim Buffet verhält es sich genau so. Zwischen den vielfältigen Möglichkeiten muß eine Auswahl getroffen werden.

Das Angebot

Als Grundregel für ein modernes Buffet mit Menü-Charakter gilt heute, sich lieber auf ein kleines Angebot zu beschränken. Dies sollte dann allerdings perfekt zubereitet und präsentiert werden.

Das Buffet

Anregungen für Speisenfolge und Angebote

1. Der Aperitif ist Auftakt, anregender Willkommensgruß und lockert die Atmosphäre.

Da die Geschmäcker beim Aperitif sehr stark auseinander gehen, sollte man einige Getränke zur Auswahl bereithalten. Möglichkeiten:
Sekt pur oder als Cocktail, Sherry, Port- oder Wermutwein, eine sommerliche Bowle. Hierfür setzt man die Früchte mit einem Fruchtlikör an, man füllt vor dem Servieren mit einem leichten Weißwein auf.

2. Klare Suppe

mit Einlage

Man serviert sie in der Regel auf Suppentellern. Hierfür werden die Suppenteller eingedeckt und die Suppe in Terrinen zur Selbstbedienung auf den Tisch gestellt.

3. Das Vorspeisenbuffet

Aus den vielfältigen Möglichkeiten, werden je nach Größe des Buffets, 2-4 verschiedene Vorspeisen ausgewählt und zur Selbstbedienung angeboten.

Anregungen:

- Salatcocktails, S. 102-106, 203,
- Gefülltes: Windbeutel 173, Melonenspalten 200-202
- Tomaten 205, Obst 206-209,
- kalte Fischschlemmereien S 211-222.

Je nach Belieben können auf dem Vorspeisenbuffet auch die Rohkostsalate plaziert werden. Mit ihrer intensiven Farbgebung u. dem frischen Salatgeruch regen sie den Appetit an u. erfreuen das Auge. Je nach Wahl werden verschiedene Rohkostsalate angeboten. Siehe hierzu S. 109-132.

Die ausgewählten Rohkostsalate werden vorteilhaft einzeln angerichtet. Eine Auswahl von ca. 3 verschiedenen Salatsoßen können zur Selbstbedienung bereitgestellt werden.

Das moderne Buffet besitzt Menü-Charakter. Genau so wie bei einem klassischen Festessen bedient man sich der einzelnen Gänge nacheinander.

Die Vorteile:

Speisen und Gänge kommen besser zur Geltung. Es gelangen nicht zu viel verschiedene Speisen auf einen Teller. Die gepflegte Eßkultur erhält einen höheren Stellenwert.
Da die Gäste sich nur innerhalb einzelner Gänge bedienen, verkürzt sich der Ablauf. Das lange Schlangestehen vor dem Buffet wird weitgehend vermieden.

4.a) Hauptgang – kaltes Buffet

Anregungen für das Fleischangebot:

- Schmorbraten mit Kiwi u. Trauben angerichtet (siehe 1. Band, S. 203, 204.
- Putensteaks, kalt serviert, mit Preiselbeer-soße oder mit Obst dekoriert, 268, 269.
- gefüllte Fleischscheiben, S. 210.
- gefüllte Eier, S. 224.

Anregungen für ein Fischangebot:

- Siehe Fischbuffet Seite 278 – 282.

Anregungen für sättigende Salate:

- Brokkolisalat, S. 143,
- Waldorfsalat, S. 141,
- Pikanter Sommersalat, S. 137.

4. b) Warmer Hauptgang

Auf eine Servierhilfe kann nicht verzichtet werden.

Anregungen für das Fleischangebot:

Fleischgerichte, die sich gut warm halten lassen, sind besonders vorteilhaft anzubieten.

- Schmor-, Kasseler-, Sauer- oder Wildbraten,
- Gulasch, Curryfleisch oder Geschnetzeltes ; - Schnitzel, Rouladen, Geflügelfleisch.

Gemüseangebot:

- Das Gemüse mit Butter anmachen oder in Form
- eines Gratins anbieten. Siehe hierzu Rezepte Band 1.

Kartoffelangebot:

Je nach Belieben Kroketten, Gratin, Bratkartoffeln, Klöße oder man entscheidet sich für ein Reisangebot.

5. Käseplatte mit Brot und Butter

Der pikante Teil eines Buffets wird durch eine Auswahl verschiedener Käsesorten, auch Käsespieße und Saures Aufschnittplatten, Canapes, Brot und Butter abgerundet. Dieser Teil des Buffets kann stehen bleiben, wenn das übrige Buffe abgeräumt wird.

6. Die süßen Schlußpunkte

bilden die Desserts. Anregungen hierfür finden Sie in dem Kapitel: „Süße Schlußpunkte", Seite 347 – 363.

7. Harmonischer Abschluß bildet der Digestif.

Meistens wird dieses Abschluß-Getränk nach dem festlichen Menü am Tisch serviert. Kombinationen „die ankommen": Calvados zu Cappuccino, Cognac oder Likör zu Kaffee oder Mocca.

Weine beim Festessen

„Zum Wohle", oder „Prost", ganz wie Sie wollen.
Die Krönung eines Festessens ist der Wein. Wein vermittelt Festtagsstimmung, um es mit Goethe zu sagen: „Für Sorgen sorgt das Leben, und Sorgenbrecher sind die Reben."

Der Wein muß sehr sorgfältig ausgewählt werden. Sein Charakter muß mit den Speisen harmonieren. Von dem Grundsatz „Weißwein zu hellem Fleisch" und „Rotwein zu dunklem Fleisch", geht man immer mehr ab. Heute kommt es vielmehr darauf an, wie leicht oder wie schwer das Gericht insgesamt zubereitet ist. Wer sich hier nicht auskennt, läßt sich am besten von einem Fachmann beraten.

Festausklang

Beginnt eine Feier gegen 11 Uhr, so wird der Festausklang in der Regel mit dem Nachmittagskaffee eingeläutet. Nach einem üppigen Festtagsessen sind leichte Obstkuchen und Kleingebäck angemessene Angebote.

Der Rahmen eines Buffets . . .

Der optische und kulinarische Reiz eines Buffets ist größtenteils von der individuellen Kreativität abhängig. Gesetze über die Gestaltung des Rahmens gibt es nicht. Man kann höchstens ein paar Richtlinien angeben.

- Nicht überladen!
  Das gilt sowohl für das Speisenangebot als auch für die Dekoration. Nicht die Vielfalt erlesener und teurer Speisen entscheidet über den Erfolg eines Buffets, sondern eine wohldosierte Abwechslung hinsichtlich der Speisenauswahl, des Geschmacks, Geruchs und des Aussehens. Womit dekoriert wird, hängt vorrangig vom Motto des Festes und vom persönlichen Geschmack ab.

Der rustikale Rahmen

- Ein großer Bauerntisch, derbes Bauernleinen, Blaudruckdecken, Gefäße und Krüge aus Ton oder Steingut und ein buntgemischter Feldblumenstrauß bringen den rustikalen Charakter zum Ausdruck.

Werden bei einem Gartenfest die Platten und Schüsseln auf großen Rhabarber- oder Kohlblättern angerichtet und Kirschtomaten zur Dekoration über den Tisch gestreut, so wird dadurch die Verbindung zur Natur unterstrichen.

Bei einem Jagdfest

bevorzugt man häufig eine Mischung von Rustikalem und Elegantem. So läßt sich ein langer Holztisch durchaus mit edlem Geschirr in Verbindung bringen.

Für ein modernes Buffet

bieten sich als Materialien Lackbänder, Tüllschleifen u. farblich abgestimmte Murmeln an. Die Platten mit den Speisen werden auf Spiegeln und Glasplatten angerichtet. Optische Spots lassen sich mit dampfendem Trockeneis u. mit Wunderkerzen erzielen. Dekorationen sollten höchstens in drei verschiedenen Farbtönen eingesetzt werden.

Farbkombinationen, die zusammen harmonieren:
Blautöne in Abstufungen; Gelb, weiß-Grün; Blau-Silber; Weiß-Grün-Silber; Gold-Braun; Rosétöne zusammen mit Lila.

Geeignete Angebote für rustikale Buffets

1. Vorschlag für ein warmes rustikales Buffet

Vorspeise:

Pro Portion 1/4 l Rindfleischbrühe mit Gemüse und Klößchen als Einlage. Rezept siehe Band I. Die Suppenmenge ist etwas großzügiger zu berechnen, da einige Gäste oft noch etwas Suppe nachnehmen möchten.

Salate:

Für pro Person kann eine Gesamtsalatmenge von 200 g zugrunde gelegt werden.

Möhrensalat (Seite 132)

Weißkohlsalat mit Ananas und Lauchzwiebeln (Seite 129)

Feldsalat mit Schinkencroutons (Seite 116) oder Rotkohlsalat (Seite 117)

Hauptspeise:

Fleisch pro Portion 200-250 g
Gemüse pro Portion ca. 150 g
Folienkartoffeln pro Portion 1 Kartoffel von ca. 200 g.

Angebot:

Kasseler mit Schmoräpfeln
Rezept siehe Band 1, Seite 195
Haxe mit Sauerkraut Rezept Seite 266.
Folienkartoffeln oder wahlweise Kartoffelpüree, Kartoffelgratin, Kartoffelklöße oder Bechamelkartoffeln.

Brot, Butter, Aufschnitt

Brot pro Portion etwa 100 g
Käse 75-10 g
Butter 40-50 g

Angebot:

Rundes Bauernbrot, grobes Körnerbrot, Schwarzbrot,
Kräuterbutter,
verschiedene Käsesorten vom Stück.

Süße Schlußpunkte

- Schokoladenflammerie, 356.
- Äpfel in Vanillecreme, 357.
- Obstkorb mit heimischen Früchten der Saison.

2. Vorschlag für ein warmes rustikales Buffet

Vorspeise:
Waldorf-Astoria-Salat, siehe Seite 141.

Salate: Weißkohlsalat, siehe Seite 128, 129.
Möhren-Apfel-Salat, siehe Seite 132,

Hauptgericht:
- Hacksteaks mit Zwiebelringen u. Champignons, Seite 271
- geräucherte, gekochte Mettendchen und Grünkohl, siehe Rezept Band I, Seite 196.
- Bratkartoffeln, wahlweise von rohen oder gekochten Kartoffeln, Rezepte siehe S. 65 oder Band I, Seite 332-339.

Brot, Butter, Käse

Siehe Vorschlag I!
Dazu schmecken Gewürzgurken.

Dieses Angebot kann stehen bleiben, wenn das übrige Buffet abgeräumt wird.

Süße Schlußpunkte:
Äpfel in Vanillesoße oder Rumäpfel mit Kokosraspeln, Obstsalat mit Früchten der Saison oder Obstkorb.

3. Vorschlag für ein warmes rustikales Buffet

Vorspeise

Chicorée - Cocktail 106
Salate: „Kohlrabisalat, Rohkostplatte, „Gemüsereigen", siehe Seite 136, 107.

Hauptgericht:

Sauerbraten, 267,
Rouladen, 264,
Rosenkohl,
Apfel-Rotkraut,

Salzkartoffeln mit Bratensoße.

Brot, Butter, Aufschnitt

Süße Schlußpunkte

Kirschbecher, siehe Band I.

Obstkorb.

Vorschlag für ein rustikales kaltes Buffet

Vorspeisen und Salate:

Dicke-Bohnen-Kasseler-Salat, Seite 133,
Weißkohlsalat, Seite 128/29 Rotkohlsalat, Seite 117
Zucchinisalat, Seite 127.

Hauptgericht:

- Kalt aufgeschnittener Sauerbraten mit Birnen und Preiselbeeren angerichtet, Seite 267
- gefüllte Roastbeef- oder Schinkenscheiben, Seite 210
- gefüllte Eier, Seite 224, 225.
- Kartoffelsalat, Seite 158/59 Griechischer Kartoffelsalat, S. 160

Brot und Aufschnitt:

- Rundes Bauernbrot, Schwarzbrot, Butter.
- Käse am Stück zum Selbstbedienen.
- Canapès mit Schinken, „halber Kopf" mit Zwiebeln, Tatar oder Mett mit Zwiebelringen.
- Gewürzgurken, Matjes in Dillrahm – 279.

Dessert

Obstsalat oder Obstkorb der Saison.

Vorschläge für ein warmes Buffet

Cocktail- und Salatangebot:

Grapefruit- oder Chicorée-Cocktail, Seite 208.
Pikanter Melonensalat, Seite 119.
Fitness-Salat, Seite 124.
Blattsalate.

Hauptgericht:

- Putensteaks mit Preiselbeersoße, Seite 268
- Überbackene Schnitzel, siehe Band I, S. 65-67
- Gemüsegratin, siehe Band I, S. 50, 143 u. andere
- Kartoffelgratin, siehe Band I, S. 141

Brot- und Aufschnittangebot:

Partybrötchen,
Kräuterbutter,
Käseplatte,
Canapès, S. 175-178 u. 282.
Gewürzgurken.
Dieser Teil des Buffets kann stehen bleiben, wenn das übrige Buffet abgeräumt wird.

Süße Schlußpunkte

Je nach Wahl 2 verschiedene Desserts z. B.
Weincreme und
Obstsalat der Saison.
Siehe „Süße Schlußpunkte".

Einfache Gerichte, die am späten Abend zu Bier angeboten werden können

Partysuppen und andere gebundene Suppen, zusammen mit einem Brötchen serviert, passen immer.

Laugenbrezeln mit Bierknackern oder Mettendchen bieten eine willkommene Stärkung bei einem Skatabend.

Käseplatte oder Käse am Stück zur Selbstbedienung mit verschiedenen Brotsorten und Kräuterbutter

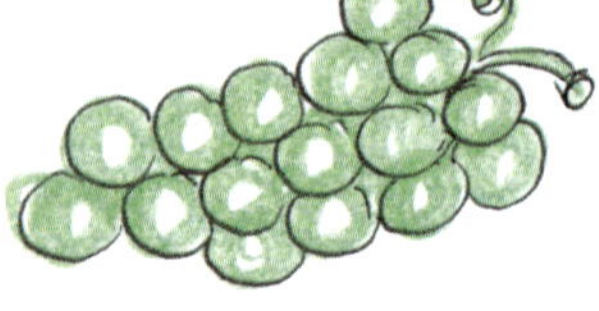

Platten mit Canapé oder Schnittchen

· Salamitüte mit Perlzwiebel
· Eischeibe, · Gewürzgurke.

Gefüllte überbacke-
ne Brötchenhälften.

Gefüllte Blätterteig-
taschen.

Stangenbrot oder
Partybrötchen mit

Tatar oder Mett,
Gewürzgurken,
Frischkäse,
Aufschnitt, Butter.

Rezepte zu den angegebenen Buffet-Anregungen

Rinderrouladen

4 Rouladenscheiben leicht klopfen, von beiden Seiten mit Salz und Pfeffer einreiben, die obere Seite mit Senf bestreichen.

Füllung:

1 Zwiebel, 1-2 Gewürzgürkchen, 1 kleinen Apfel und 50 g durchwachsenen Speck würfeln. Mit 3 El geh. Petersilie mischen und auf die Fleischscheiben verteilen.

Beim Aufrollen zuerst die Längsseiten etwas einschlagen, dann von der Breitseite aufrollen. Mit Klammern zusammenhalten. In heißem Plattenfett in 10-15 Min. rundherum braun anbraten.

1/8 l Fleischbrühe und
2 El Rotwein angießen. Bei geringer Wärmezufuhr in 70-90 Min. gar schmoren. Zwischendurch auf Flüssigkeitsverluste achten!

Für die Soße: Den Bratenfond mit Mehl binden, bei Bedarf mit Wasser verlängern. Mit Sahne und Pfeffer abschmecken. Ananasscheiben und Kirschen in Butter braten u. damit anrichten.

Schweinerollbraten mit Kräuterfüllung

1 Kg Schweinebraten – beim Metzger eine große Fleischscheibe für Rollbraten schneiden lassen. Die Fleischscheibe leicht klopfen, von beiden Seiten mit Salz, Pfeffer und Thymian einreiben. Die Innenseite mit Senf bestreichen.

2 Päckchen gemischte Tiefkühlkräuter (100g) in eine Schüssel geben.

1 Zwiebel und 1 Knoblauchzehe würfeln.

75g rohen Schinken würfeln und mit den Zwiebeln und Kräutern mischen. Auf das Fleisch streichen. Das Fleisch aufrollen und mit Baumwollgarn umwickeln. In heißem Fett rundherum kräftig anbraten. Dann mit etwas Fleischbrühe angießen.

1 Lauchstange in Ringe schneiden, mit

1/2 Lorbeerblatt in den Topf geben. In ca. 80-90 Minuten gar schmoren. Zwischendurch auf Flüssigkeitsverluste achten und den Braten wenden.

Für die Soße den Bratenfond über ein Sieb schütten, mit 30g Mehl binden. Mit Flüssigkeit bis zu 1/2 l auffüllen und mit

4 El Sahne und

1 El Preiselbeeren abschmecken.

Für ca. 6 Portionen.

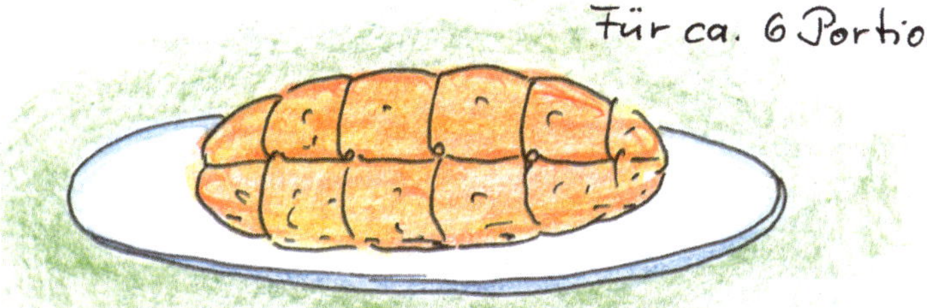

Schweinehaxe in Rotwein

200 g Backpflaumen über Nacht in
1/4 l Rotwein einweichen.
2 Schweinehaxen waschen, abtrocknen, die Schwarte gitterförmig einschneiden. Etwa 3 Stunden vor dem Braten mit
Salz, Pfeffer, Kräutern der Provence und
Rotwein einreiben. Danach die Haxen in einen Bräter oder in die Grillpfanne legen und bei ca. 190° C in den Backofen schieben. 3/8 l kochendes Wasser zufügen. Zwischendurch mit etwas Rotwein begießen. Nach 1 Stunde wenden. Bei 210° fertig garen. 10 Minuten vor Ende der Garzeit
500 g kleine geschälte Zwiebeln und die Backpflaumen mit der Flüssigkeit hinzugeben, dann gar schmoren lassen. Haxen herausnehmen und warm stellen. Bratenflüssigkeit mit
1/2 Fleischbrühwürfel verrühren, mit etwas
Mehl binden, mit Gewürzen und
1/8 l saurer Sahne abschmecken.
(Während des Garens bei Bedarf etwas kochendes Wasser zugeben.)

Sauerbraten

Feste Bratenstücke vom Rind oder Schwein werden 3 - 4 Tage in Essigwasser eingelegt.

Mischung:

½ l Essig, ½ l Wasser, 4 in Scheiben geschnittene Zwiebeln, 1 Lorbeerblatt, einige Pfefferkörner, 1 Nelke, Salz und Pfeffer.

Die angegebenen Zutaten aufkochen. Das Fleisch in eine Porzellan- oder Tonschüssel legen und mit der heißen Gewürzlösung übergießen, täglich wenden.

Vor dem Braten das Fleisch abtrocknen, mit Salz einreiben u. in sehr heißem Fett in ca. 15 Min. rundherum anbraten. Ist das Fett nicht heiß genug, wird der Braten wässerig, erhält keine braune Farbe u. kann von außen leicht krümeln.

Nach dem Bratprozeß reichlich geschnittene Zwiebeln u. etwas Gewürzlösung zugeben und ohne Deckel schmoren lassen. Wenn das Wasser verdunstet ist, setzt der Bratprozeß wieder ein. Durch wiederholte Bratvorgänge erreicht man eine bessere Röststoffbildung. Siehe hierzu auch „Schmorbraten" Buch I. Etwa ¼ l der Gewürzlösung zum Schmoren einsetzen.

Die Soße mit

2 El saurer Sahne, 2 El Rotwein, Pfeffer und Salz abschmecken. Nach Belieben 1 El Preiselbeeren zugeben.

Garzeit für gebratene Fleischstücke, je ½ Kg Fleisch:

Rindfleisch 30 - 40 Minuten
Schweinefleisch 15 - 20 Minuten
Hammelfleisch 20 Minuten.

Putensteaks mit Preiselbeersoße

Marinade:

4 El Öl, 3El Weißwein
Salz, Pfeffer, Majoran, Thymian, Rosmarin
Paprika. Aus den Zutaten eine Marinade herstellen und
4 Putensteaks oder
4 Sch. Putenrollbraten darin 2 Stunden ziehen lassen. Danach die Fleischstücke abtropfen lassen und nacheinander in Mehl, verschlagenem Ei und in
100 g Mandelblättchen in heißem
Öl anbraten und garen.

Preiselbeersoße

1 Glas Preiselbeeren (150g Einwaage)
1 Tl Senf, je
Saft 1 Zitrone und Orange
1 El Dosenmilch. Die Zutaten zu einer Soße verrühren und abschmecken. Sie kann sowohl heiß wie kalt gereicht werden. Mit geh. Petersilie anrichten.

Schnitzel vielseitig angerichtet

Puten-, Kalbs- oder Schweineschnitzel – panierte oder unpanierte Schnitzel können mit sehr unterschiedlichen Geschmacksträgern angerichtet werden.

Einige Anregungen:

Wiener Schnitzel werden mit Zitronenscheiben garniert. Nur ein echtes Kalbsschnitzel darf die Bezeichnung „Wiener Schnitzel" tragen. Ein Schweineschnitzel, mit Zitrone u. Petersilie garniert, nennt man „Schnitzel nach Wiener Art".

Für das Südseeschnitzel legt man gleichzeitig verschiedene Früchte zum Anbraten in die Pfanne. Je nach Geschmack können Ananas, Bananen, Pfirsiche eingesetzt werden. Wer's noch farbenfroher wünscht, garniert das mit gebratenen Früchten belegte Schnitzel zum Schluß mit einer frischen Kiwischeibe. Dazu schmeckt eine Currysoße, die mit Ananassaft abgeschmeckt wird.

Jägerschnitzel – Für den Belag 5 geh. Zwiebeln in 2 El Butter glasig schwitzen. 500 g Pfifferlinge zugeben und 6-8 Min. bei guter Wärme braten. Die Pilzmasse auf die fertigen Schnitzel geben.

Geschnetzeltes mit Backobst

300g Backobst waschen und über Nacht einweichen.

400g Schnitzelfleisch in fingerlange Streifen schneiden.

2 El Schmalz erhitzen und das Fleisch darin kräftig anbraten

4 Zwiebeln in Ringe schneiden, zu dem Fleisch geben und bräunen. Mit

Salz und Pfeffer würzen. Mit etwas Einweichwasser vom Backobst angießen, garen.

1 Tl Edelsüß-Paprika und das zerkleinerte Backobst zufügen. Das restliche Einweichwasser und

1/4l Apfelwein zugießen. Etwas schmoren lassen. Mit Mehl binden und mit

Sahne und etwas Apfelmus abschmecken.

Hacksteaks, Buletten oder Frikadellen

Hackfleischteig

400 g gemischtes Hackfleisch
1 Brötchen in warmem Wasser quellen lassen und ausdrücken.
1 Zwiebel und
½ Bd. Petersilie fein hacken.
1 Ei, ½ Tl Salz, Pfeffer,
1 El Tomatenketchup
1 El Paniermehl.

Alle Zutaten zu einem glatten Fleischteig verarbeiten. Mit abgespülten Händen zu kleinen Bällchen formen. In Paniermehl wälzen und leicht andrücken.

3 El Öl in einer Pfanne erhitzen. Die Hacksteaks hineinlegen und von jeder Seite 3-4 Min. kräftig anbraten. Danach die Hitze reduzieren und die Steaks fertigbraten.

Hacksteak mit Spiegelei mit Kapern und gebräunten Zwiebelringen, überbacken mit Käse- und Tomatensoße, mit gebratenen Champignons, mit gedünstetem Paprika.

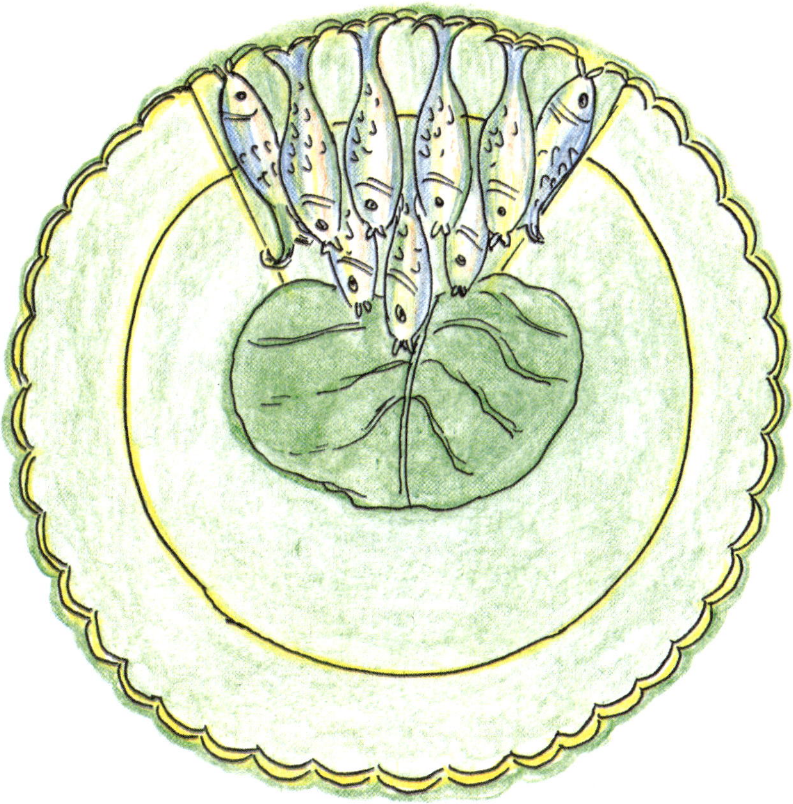

Einladung zum Fischessen

Aus Neptuns Reich wird aufgetischt,
was man aus dem Wasser fischt.

Die Lust,
den Fisch zu genießen,
hat gleich vier schöne Seiten:
- Fisch schmeichelt dem Magen,
- Fisch sättigt und kräftigt,
- Fisch ist unerschöpflich
  in seiner Vielfalt,
- Fisch hält schlank.

Die Zahl der Fischliebhaber wird immer größer. Es ist darum gar nicht so ungewöhnlich, seine Gäste einmal zu einem Fischessen einzuladen. Trotzdem sollte man daran denken, daß nicht alle Leute begeisterte Fischesser sind. Weisen Sie deshalb bei der Einladung darauf hin, daß Sie eine Fischmahlzeit servieren möchten. Gegebenenfalls bieten Sie Ausweichmöglichkeiten an.

Der Herr Fisch bittet zu Tisch

Fisch - Buffet

Anregungen für zwei verschiedene Fischbuffets. Das eine etwas feiner, das andere rustikaler gehalten.

I. Kalte Vorspeise

- Avocado mit Krabbencocktail, Seite 194.
- Thunfischcocktail in Muscheln, Seite 219.

II Suppe

- Feine Spargel oder Lauchsuppe mit Räucherlachs,
- Feurige Fischsuppe.

Suppen siehe Band I.

Je nach Belieben werden die Gerichte zur Selbstbedienung auf dem Buffet plaziert, oder die kalte Vorspeise wird rechtzeitig eingedeckt und die Suppenschüssel zur Selbstbedienung auf die Tische, bzw. auf den Tisch gestellt.

III. Hauptgang

Alternativvorschläge für
. warme Fischgerichte

1. Gebratene Fischsteaks mit Mandelpanade, s. 287,
. Fischfilet „Waidmannsart" Seite 292,
. Seezunge französisch, sait 294,
. Makrelen in Dill-Sahne-Soße, 297.

2. Fisch-Paprika-Gulasch, seite 295,
. Porre-Fischauflauf, seite 290,
. Überbackener Fisch mit Gemüse, seite 291.

Als Ergänzung zum warmen Hauptgang kann Reis angeboten werden.

Überbackene Fischgerichte, Fischgulasch, Ragout oder Fisch in Soße, lassen sich besonders gut vorbereiten und können ohne nennenswerte Qualitätsverluste länger warm gehalten werden. Aus diesem Grunde eignen sie sich besonders gut für die Gäsebewirtung, sowohl am Tisch, als auch auf dem Buffet.

IV. Salate

Ob Sie Ihr Buffet etwas feiner oder rustikaler ausrichten wollen, Blattsalate und Rohkostsalate passen immer. Sie bleiben länger frisch, wenn sie ohne Soßen und Marinaden angerichtet werden. Das weitere Salatangebot sollte nicht ins Uferlose gehen. Vorschläge:

1. Fisch-Obst-Salat und Kartoffelsalat s. 153/161
2. Heringsstipp Seite 156, Kartoffelsalat S. 160

V. Kalte Fischgerichte

1.

- Forellenfilets mit Orangenscheiben und Meerrettichsahne,
- Gefüllte Räucherlachsscheiben auf Erbsenbeet.

2.

- Matjes in Dillrahm,
- Matjesröllchen „Lord Nelson.

Matjes in Dillrahm

10 Matjesfilets in eine Schale legen, mit
1/4 l Mineralwasser begießen.
250 g Sahne und
250 g Schmand vermischen.
2 Birnen schälen, halbieren und die Kerngehäuse entfernen. Das Fruchtfleisch in feine Scheiben schneiden und sofort mit etwas Zitronensaft beträufeln.
2 kleine Zwiebeln schälen, in feine Ringe schneiden und in kochendem Wasser 5 Minuten blanchieren, dann über ein Sieb schütten und abtropfen lassen.
Die Matjesfilets abtropfen lassen und trocken tupfen. Mit Zwiebel- und Birnenscheiben in einen Tontopf schichten.
Die Sahne mit
1 Bd geh. Dill und mit 1 Tl groben schwarzen Pfeffer mischen und über die Matjes gießen. Etwa 2 Tage im Kühlschrank ziehen lassen. Dazu Toast und Butter servieren.

Matjesröllchen „Lord Nelson"

2-4 Matjesfilets wässern, abtropfen lassen, abtrocknen, nach Belieben teilen.
4 dicke Apfelscheiben in verdünntem Zitronensaft halbgar dünsten. Aus den Matjes Röllchen drehen, mit Spießchen zusammenhalten, auf die Apfelscheiben stellen, mit
Sahnemeerrettich füllen. Etwas Johannisbeergelee auf die Sahnefüllung geben.

1. Platte:

Heringsfilets verschieden belegt: Apfel-, Tomaten-, Gurkenscheiben, Zwiebelringe.
Apfelscheiben vorher in Wasser mit Zitronensaft leicht dünsten und vierteln.

2. Platte:

Eihälfte mit Tomatencreme gefüllt,
Eihälfte mit Lachsröllchen belegt,
Eihälfte mit Olivenscheibe belegt,
Eischeiben schuppenartig angerichtet, abwechselnd mit Olivenscheiben und Sardellenröllchen belegt.

3. Platte:

Heringsfilets mit Gewürzgürkchen.
Variante: Statt Heringsfilets Rollmöpse einsetzen. Oder die Filets mit Mayonnaise bestreichen und aufrollen.

4. Platte:

Gebutterte Brotscheiben mit Thunfisch und Lachs belegt. Kieler Sprotten, weiße Perlzwiebeln, Maiskölbchen, Gurkenscheiben.

5. Spießer:

1/4 Ananasscheibe, Ölsardine, Olive.
1/4 Apfelscheibe mit Zitrone beträufelt, mit geräuchertem Bückling belegt, mit Essiggürkchen und Perlzwiebeln,
Brot, Butter.

VI Canapés, Gabelbissen, Würziges

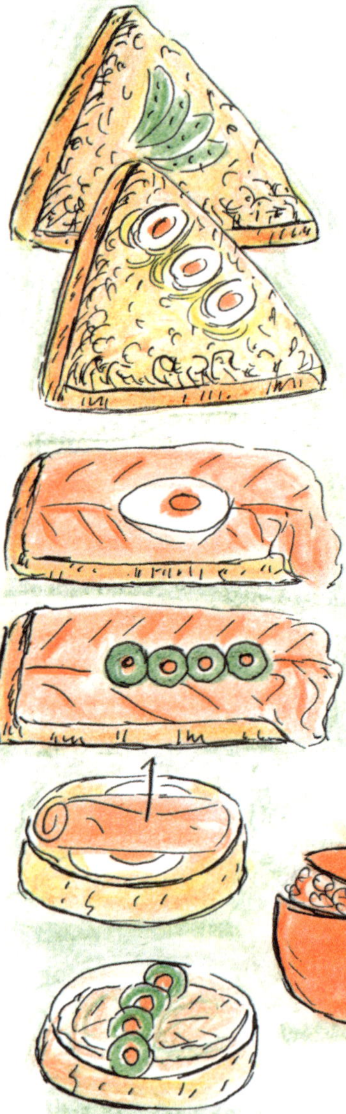

Gebutterte Brotecken mit Thunfisch belegt, mit Gurkenfächer, Eischeiben und Zwiebelringen garniert.

Gebutterte Brotecken mit geräuchertem Lachs belegt, mit Eischeiben und Olivenscheibchen garniert

Gebutterte Stangenbrotschnitten mit Eischeiben und Lachsröllchen garniert und mit Ölsardinen und Olivenscheibchen verziert

Tomaten mit Krabbensalat gefüllt.

Gebutterte Stangenbrotscheibe mit einer gekochten Eihälfte und Kaviar.

VII. Desserts

1. Obstsalat mit Käse-Sahne-Creme, Weincreme, Rezept siehe Seite 348, Obstkorb.

2. Obstkorb.

Fischers Fritze
fischt frische Fische.

Frische Fische fischt
Fischers Fritze für

feine Fischgerichte . . .

Gebratene Fischgerichte

Allgemeine Zubereitungsart:

- Fisch säubern, trockentupfen, mit Zitronensaft beträufeln und etwas stehen lassen.
- TK-Fische läßt man erst antauen, tupft sie dann trocken und beträufelt sie dann mit etwas Zitronensaft
- Danach werden die Fischfilets bzw. die Fische mit einer beliebigen Panade versehen und gebraten.

- Panaden für Bratfisch

1. Fisch pfeffern und salzen, in Mehl wenden, abklopfen, braten.
2. Fisch pfeffern und salzen, nacheinander in Mehl und Ei wenden, braten.
3. Ei mit etwas Mehl verquirlen. Den Fisch pfeffern, salzen, zuerst in Mehl, dann in der Eimasse wenden und braten.
4. 1 Ei mit 2 El Milch u. 1½ Tl Paprika verrühren. 2 El Mehl mit 50 g Mandelblättchen mischen. Fisch nacheinander pfeffern, salzen, mit Mehl bestäuben, in Eiermilch, zum Schluß in dem Mehl-Mandelgemisch wälzen.

5. Paniermehl und Sesamkörner zu gleichen Teilen mischen.
Fisch salzen, pfeffern, nacheinander in Mehl, Ei mit 1 El Milch und in dem Paniermehl-Sesamgemisch wenden.

Geeignete Bratfette:

Butterschmalz, Plattenfette, notfalls Öl.

Geeignete Zubereitungsarten und Garzeit:

a. Braten in der Pfanne	Garzeit
Rotbarsch, Schellfisch, Kabeljau Weißfisch, Seelachs –	
als portionierter Fisch gebraten	10 - 15 Min.
Hering, Makrele, Plattfische –	
als ganzer Fisch gebraten	10 - 15 Min.
b. Braten auf dem Rost:	
Schellfisch, Kabeljau, Karpfen, Barsch, Hecht –	
als portionierter Fisch gebraten	20 - 25 Min.
als ganzer Fisch gebraten	25 - 30 Min.

Gebratene Fischsteaks mit Mandeln

Ca 800g Fischfilet - Scholle, Rotbarsch, Kabeljau - säubern, trockentupfen, in Portions-stücke schneiden, mit
Zitronensaft beträufeln, leicht pfeffern, salzen.

Panade:

1 - 2 Eier, 4 El Milch und
½ Tl Paprika auf einem Teller verschlagen.
3 El Mehl mit einem kleinen Beutel
Mandelblättchen mischen.
Butterschmalz in einer Pfanne erhitzen.
Fischfilets leicht mit Mehl bestäuben, in Eiermilch wenden und in dem Mehl-Mandelblättchen-Gemisch wälzen. Im heißen Fett bei milder Hitze von beiden Seiten goldbraun braten.

Serviervorschlag:

- Kartoffeln oder Reis mit grünem Salat
- Den Fisch mit gebratenen Ananasscheiben anrichten, mit Rohkostsalat und Toastbrot servieren.

Maischolle

4 Schollen küchenfertig vorbereiten, mit Zitronensaft beträufeln, mit Salz abreiben, stehen lassen.
1 Stück Staudensellerie putzen, in feine Streifen schneiden.
2 Frühlingszwiebeln in Ringe,
2 Möhren in Streifen schneiden. Das Gemüse etwa 5 Minuten kochen, dann kurz mit kaltem Wasser abschrecken, damit es die Farbe behält und knakkig bleibt.

Butter in einer Pfanne erhitzen, die Schollen darin von jeder Seite etwa 5 Min. bei geringer Hitze braten, dann auf einer Platte warm halten.
Das Gemüse in dem restlichen Fett kurz erhitzen, wenn erforderlich ist, nachgaren.
Zusammen mit dem Fleisch anrichten.
Mit Kressebutter servieren.

Kressebutter:

200 g weiche Butte mit den Blättchen von
1 Kästchen Kresse, einer Messersp. w. Pfeffer,
Salz, 1 Spritzer Worcestersauce mischen, kalt stellen, Kugeln ausdrehen ode in Würfel schneiden.

Pikante Garnelenpfanne mit Reis

200 g Langkornreis in kochendes Wasser geben und ca. 20 Minuten ausquellen lassen.
200 g Möhren vorbereiten, in feine Stifte,
1 Bund Lauchzwiebeln in Ringe schneiden.
4 El Öl in einer Pfanne erhitzen. Das Gemüse darin unter ständigem Wenden leicht anbraten, danach ein wenig Wasser und etwas
Salz zugeben und das Gemüse gardünsten.
500 g Krabben und
1 kleine Dose abgetropfte Ananasstückchen zugeben. Beides kurz durchbraten. Mit
Salz und Pfeffer würzig abschmecken, und mit Petersilie garnieren.

Anrichtemöglichkeiten:

- Reis und Garnelenpfanne getrennt servieren,
- Garnelenpfanne mit dem fertigen Reis mischen, in eine Auflaufform füllen, mit Butterflöckchen versehen und vor dem Verzehr kurz überbacken.

Überbackene Fischgerichte

Porree - Fischauflauf

ca 800 g	Porree oder Lauch in dicke Scheiben schneiden und in
100 g	ausgelassenem Räucherspeck anschmoren.
600-800 g	Fischfilet säubern, mit Zitronensaft säuern, salzen, in Mehl wenden und von beiden Seiten kurz in heißem Fett anbraten. Dann in eine flache, gefettete Auflaufform legen. Den Porree seitlich davon anrichten. Mit einer Soße aus
200 g	Schmand
2	verquirlten Eiern
1	Eckchen Kräuter-Schmelzkäse und evtl. etwas Salz und Pfeffer übergießen.

Im vorgeheizten Backofen ca. 30 Min. bei 210° backen.

Seezunge, französisch

4 Portionen Seezunge wie üblich vorbereiten.
2 Stangen Sellerie in Scheiben
2 Stangen Lauch in breite Scheiben schneiden.
2 Zwiebeln würfeln.
50-60g Butter in einer Pfanne erhitzen, Gemüse darin andünsten, leicht salzen, dann in eine gefettete Form geben.
Die Fischfilets trockentupfen, leicht salzen, in Mehl wälzen, zusammenklappen und auf das Gemüse legen. Ein paar Löffel voll
Wein auf die Seezungen träufeln.
Die Form schließen!
Im vorgeh. Backofen 30-35 Min bei 210° backen.
Den Fisch zwischenzeitlich 2 mal mit Weißwein beträufeln, nach etwa 20 Minuten
1/2 Becher Sahne über Fisch und Gemüse gießen und ohne Deckel weitere 10-15 Min. überbacken. Vor dem Servieren mit geh. Petersilie überstreuen.

Fischfilet „Waidmannsart"

600-800 g Fischfilet – Scholle, Rotbarsch, Kabeljau – säubern, säuern, stehen lassen, salzen, in Mehl wenden. In heißem Fett von beiden Seiten braten, bis sie knapp gar sind.

2-3 Zwiebeln würfeln.

1 große Dose Champignons abtropfen lassen. Zwiebeln und Pilze in der Pfanne mit etwas Fett andünsten, mit etwas Pfeffer und

Salz würzen.

Fischfilet in eine gefettete Auflaufform schichten, Pilzmasse darauf verteilen, mit reichlich geriebenem

Käse bestreuen.

Im vorgeheizten Backofen 15 Min. bei gut 200° überbacken.

Serviervorschlag:

Kartoffeln oder Reis,

heiße Birnenhälften, gefüllt mit Preiselbeerkompott.

Überbackener Fisch mit Gemüse

800 g Fischfilet - Scholle, Heilbutt, Seezunge, Goldbrasse - nach den 3-Regeln vorbereiten.
500 g kleine Zucchini mit der Schale grob scheibeln.
250 g frische geschnittene Pilze (oder Konserve)
250 g Tomaten überbrühen, abziehen, entkernen, in Stücke schneiden.
30 g Fett erhitzen. Zucchini und Pilze 5 Min. darin dünsten, Tomaten zugeben, mit
Salz, Pfeffer, Rosmarin, Basilikum u. Knoblauch würzen. Bei geschlossenem Topf weitere 5 Min. langsam köcheln lassen.
Fischfilet leicht pfeffern und salzen, in Mehl wälzen und in einer Pfanne in heißem Fett von beiden Seiten goldbraun braten.
Die Fische nebeneinander in eine gefettete Auflaufform legen. Das Gemüse abschmecken und darüber verteilen. Mit
2 El Semmelmehl und
2 El geriebenem Käse bestreuen. Im vorgeh. Backofen bei 210 - 220° ca. 15 Min. überbacken.

Scholle im Gemüsebeet

ca. 600g Schollenfilet vorbereiten und stehen lassen
2 Paprikaschoten putzen, in Streifen schneiden
2 Möhren und
2 Stangen Lauch in Scheiben schneiden
1 Stück Sellerie (ca. 75g) in Stifte schneiden, mit Salz und Pfeffer würzen.

---

4 El Öl in einem weiten Topf erhitzen, das Gemüse tropfnaß hineingeben und etwa 15 Min. schmoren lassen, immer wieder wenden evtl. ein paar El Wasser zugeben.
3/4 der Gemüsemenge in eine feuerfeste Form füllen. Etwa
5 El Sahne darauf verteilen.
Schollenfilets braten und auf das Gemüsebeet legen, restliches Gemüse darauf verteilen.
1 Dose Champignonköpfchen abgetropft auf das Gemüse geben, mit geriebenem Gouda bestreuen. Ca. 10 Min. im vorgeh. Backofen bei 210° überbacken.

Rotbarsch überbacken „Allgäuer Art"

800 g Rotbarschfilet waschen, trockentupfen, mit Zitronensaft beträufeln und stehen lassen.

600 g Tomaten kurz überbrühen, abschrecken, abpellen, die inneren Kerne ausdrücken und in Würfel schneiden, mit etwas zerriebenem Knoblauch,

1 Pr. Oregano, 1 Pr. Salz und

1 El gehackter Petersilie mischen.

Rotbarschfilet in dünne Scheiben schneiden, leicht salzen, in Mehl wenden und in

Öl braten. Auf ein gefettetes Blech legen und mit der Tomatenmasse bestreichen. Mit jeweils

1 dünnen Scheibe Schmelzkäse belegen.

Im vorgeheizten Backofen ca. 5 Min. bei gut 200° überbacken.

Mit Petersilienkartoffeln servieren.

Makrelen in Dill-Sahnesoße

8 Makrelenfilets, Salz, Fischgewürz, Pfeffer, Zitronensaft.
Die Filets säuern, pfeffern, salzen und in eine gefettete Auflaufform legen.
2 Becher saure Sahne oder Crème fraîche,
5 EL geh. Dill mit der Sahne verrühren und darübergießen,
2 EL geriebenen Käse und
2-3 EL Paniermehl darüberstreuen.
Butterflöckchen aufsetzen.
Bei 200-220° etwa 30 Min. überbacken

Anstelle von Makrelenfilets können Kabeljau-, Schellfisch- und Seelachsfilets eingesetzt werden.

Fisch - Paprika - Gulasch

600 g Fischfilet in 4 cm große Stücke schneiden, mit Zitronensaft beträufeln, leicht salzen, 10 Minuten stehen lassen.

300 g Gemüsezwiebeln in dünne Ringe,
2 grüne u. 2 rote Paprika in dünne Streifen schneiden.

1 Bd. Petersilie, Blätter von den Stengeln zupfen, waschen, trockentupfen, nicht hacken.

50 g gewürfeten Räucherspeck in 1 El Öl ausbraten, das vorbereitete Gemüse,
1/2 Knoblauchzehe, 1 Lorbeerblatt, 3 Pfefferkörner und etwas Salz zufügen und zugedeckt 8 Min. dünsten, zwischendurch wenden.

Die Fischstücke in Mehl wälzen, mit dem Gemüse unter Wenden kurz braten. Etwas heißes Wasser zugeben und zugedeckt in ca. 8-10 Minuten langsam garen. Zum Schluß
2-3 El Schmand unterziehen, abschmecken, anrichten, servieren. Dazu schmeckt körnig gekochter Reis.

Soßen, die zu Fischgerichten passen

Die helle Fisch-Grundsoße

30 g Butter in einem kleinen Topf erhitzen
1 gewürfelte Zwiebel darin glasig dünsten
30 g Mehl einrühren.
1/2 L Fischfond unter ständigen Rühren zugeben. Mit
Salz und Zitrone abschmecken. Etwa 5 Min. köcheln lassen. Ist kein Fischfond vorhanden, mit heißem Wasser auffüllen u. mit Fischgewürz abschmecken.

Für Fleischgerichte Fischfond mit Fleischbrühe austauschen

Rahmsoße

Das Grundrezept mit 2 El Schmand oder Crème fraîche verfeinern.

Bechamelsoße

Das Grundrezept mit 2 gedünsteten Zwiebeln herstellen. 40 g Schinkenwürfeln in die fertige Soße geben

Champignonsoße

1 kleine Dose mit Champignonköpfchen in Butter leicht andünsten. Nach Belieben mit Wein abschmecken.

Tomatensoße

Das Grundrezept mit 2 El Tomatenmark und 2 El Schmand abschmecken.

Weißweinsoße

Die Schwitze beim Grundrezept mit 1/4 l Weißwein und 1/8 l Fischfond auffüllen. 100 g Crème fraiche unter die fertige Soße schlagen.

Krabbensoße

100 g Krabben in der fertigen Weißweinsoße 10 Min. ziehen lassen. Mit Zitronensaft, Salz und Pfeffer abschmecken.

Kressebutter

Ein Kästchen Kresse unter fließendem Wasser abspülen, trockenschwenken, mit einer Schere die Köpfchen abschneiden und mit 125 g weiche Butter verrühren. Etwas Salz, Pfeffer und Worcestersauce zufügen und verschlagen. Diese Buttermischung 1/2 cm dick auf Alufolie streichen u. im Kühlschrank fest werden lassen, in Würfel geschnitten servieren.

„Der Mensch lebt nur so lange,
wie er etwas zu seiner Freude hat,
und sei es auch nur eine schmack-
hafte Pfeife
oder eine Blume im Knopfloch" (J. Giono)
oder ein Grillabend mit Freunden . . .

„Friede den Kommenden
Freude den Bleibenden,
Segen den Scheidenden." Alter Haussegen.

Grill-
vergnügen

Speisenangebot

- Marinierte Koteletts,
- bunte Spieße,
- knackige Würstchen,
- gegrillte Früchte,
- frisches Gemüse,
- Salate und Obst,
- knuspriges Brot,
- pikante Soßen und
- Dips machen die Grillparty zu einem kulinarischen Genuß.

Die Möglichkeiten des Angebots sind fast unbegrenzt. Damit die Party auch für den Gastgeber zum Genuß wird, sind Vorbereitungsmöglichkeiten, Arbeitsaufwand und die Garzeit des jeweiligen Grillgutes zu berücksichtigen.

Wieviel für jeden?

Die Eßgewohnheiten und die Zusammensetzung der geladenen Gäste beeinflussen in hohem Maße das Speisenangebot hinsichtlich der Auswahl und Menge. Nachfolgende Angaben können darum nur Anhaltspunkte sein, die beliebig, je nach eigenen Erfahrungen variiert werden können.

Grilladen:

Bei einer gemischten Gruppe geht man in der Regel von 2 gegrillten Fleischstücken pro Person aus.

Bei einer großzügigen Berechnung, auch wenn die Anzahl der Männer bei den Essensteilnehmern überwiegt, wird die Menge von 250g Fleisch (ohne Knochen) pro Portion nicht überschritten.

Sind Frauen und Kinder zahlenmäßig stärker vertreten, so ist der Fleischverzehr normaler Weise geringer. Auch wenn gegrilltes Obst und Gemüse angeboten werden, kann die Fleischmenge reduziert werden!

Brod:

Für eine Person rechnet man etwa 1/3 Stangenbrot oder 2 Partybrötchen.

Salate:

Bei der Berechnung geht man von etwa 120g Frischgemüse pro Person aus.
Leichte Rohkostsalate bieten eine ideale Ergänzung zu den herzhaften, durchweg energiereichen und sättigenden Grilladen.
Die zerkleinerten Frischgemüsearten, wie z. B. Tomaten, Gurken, Zucchini, Paprika, Möhren, Radieschen, Melonen oder Kohlrabi, bleiben frischer und knackiger, wenn man sie nicht mit einer Soße anmacht. Eine Vinaigrette und ca. zwei bis drei cremige Soßen oder Dips, werden separat dazu gereicht. Krautsalate sind besser zu vertragen, wenn sie mehrere Stunden vorher mit einer Soße angemacht werden. Wird der Fleischanteil niedrig gehalten, bietet man je nach Belieben einen Kartoffel,- Nudel- oder Reissalat an.

Dessert:

Ein leichter Obstsalat kommt immer an. Siehe Kapitel „Süße Schlußpunkte".

Schweinebauch mit Honig

5 Scheiben Schweinebauch kurz waschen, trockentupfen und marinieren.

Marinade:

2 El Öl, ½ El grobgeschroteter Pfeffer
1 El Paprika edelsüß, 2 El flüssiger Honig
4 El Rotwein. Alles miteinander verrühren.
Das Fleisch mit der Marinade von beiden Seiten bestreichen. Übereinander legen und zugedeckt einige Stunden ziehen lassen. Die Scheiben 20 M. grillen, mit Salz bestreuen und servieren.

Grillkoteletts

4 Koteletts oder Steaks ganz leicht klopfen und in eine flache Schüssel legen.

Marinade:

1/8 l Öl, Saft 1 Zitrone, 1 geh. Knoblauchzehe
1 El gerebeter Thymian, Salz und Pfeffer.
Alles miteinander verrühren und über das Fleisch gießen. Zugedeckt 24 Stunden kühl und dunkel stellen. Vor dem Grillen aus der Marinade nehmen, trockentupfen und auf dem Grill von jeder Seite ca. 8 Minuten grillen.

Provencalische Lamm-Koteletts

12 Lammkoteletts waschen trockentupfen und ca. 2 Stdn. marinieren.

Marinade:

8 El Rotwein und 5 El Öl verrühren.
4 El frische Kräuter der Provence sehr fein hacken oder 2 El getrocknete Kräuter einsetzen.
2 Knoblauchzehen schälen, sehr fein hacken. Die Zutaten mischen und mit etwas Pfeffer würzen.

Nach dem Marinieren das Fleisch abtupfen u. von jeder Seite 3-4 Min. grillen, evtl. mit etwas Salz bestreuen.

Knusprige Schuster-Koteletts

600g Schweinebauchscheiben ca. 2 Stdn. marinieren.

Marinade:

4 El Kräutersenf, 3 El Ketchup, etwas Zitronensaft,
5 El Öl. Nach dem Marinieren trockentupfen und auf mit Öl gefetteter Alufolie von beiden Seiten je 3 Min. grillen.

Fleischtasche mit Kräutern

8 dünne Fleischscheiben nebeneinander ausbreiten, mit
2 Tl Senf bestreichen, mit Salz und Pfeffer bestreuen.
2 El frische, gehackte Kräuter (wie Petersilie, Schnittlauch, Majoran, Kerbel) und darauf verteilen.
8 Scheiben dünn geschnittenen Schinkenspeck auf die mit Gewürzen versehenen Fleischscheiben legen, längs zusammenklappen. Mit Spießchen feststecken, mit
Öl bepinseln und etwa 8 Min. grillen.

Pikante Rippchen

1 Kg Schweinerippchen in Portionsstücke teilen u. marinieren.

Marinde: 1/8 l Öl, 1 El Cumberlandsoße oder Johannisbeergelee, 1 El getrocknete Kräuter der Provence verrühren, die Rippchen damit einreiben. Zugedeckt 2 Stdn. marinieren, abtropfen lassen und trockentupfen. Rippchen unter häufigem Wenden ca. 1/2 Stunde grillen. Zwischendurch mit Marinade bepinseln.

Petersilien-Mettrolle

1 Kg	Mett aus der Bratwurst drücken, in eine Schüssel geben
1 Bd.	glatte Petersilie hacken, zugeben, vermischen,
2	Knoblauchzehen ausdrücken und mit dem Mett gut verkneten. In 12 Portionen teilen und zu Kugeln formen. Jede Fleischkugel mit je
1	Scheibe Frühstücksspeck umwickeln. Die offenen Seiten etwas flach drücken. Den Speck mit Zahnstochern feststecken. Die Mettrollen auf Alugrillpfannen legen und, pro Seite 8 - 10 Min. grillen. Mit feuriger Paprika-Sauce servieren.

Frikadellen mit Schafskäse- oder Camenbertfüllung

2 Zwiebeln schälen, hacken, zusammen mit
600g gemischtem Hackfleisch
1 Ei, 1 Tl Senf
4 El Paniermehl (Semmelbrösel)
Salz, Paprika und
1 Tl grünen Pfefferkörnern vermengen.
150g Schafskäse oder Camenbert in 8 Stücke schneiden. Fleischteig in 8 handteller-große Scheiben formen. Käse in die Mitte geben, den Fleischteig drumherum schlagen und zu Frikadellen formen. Mit
Öl bestreichen, damit der Teig nicht antrocknet.
Auf Alufolie legen und von beiden Seiten ca. 5 Min. grillen.

Vorschläge für Kartoffelgerichte:

Folienkartoffeln mit Käse und Oliven

750g Kartoffeln bürsten, in reichlich Salzwasser mit Kümmel 20 Min. kochen, abgießen, abschrekken, pellen, scheibeln.

Alufolie in 20cm große Quadrate schneiden, mit reichlich Öl einpinseln und jeweils in die Mitte die Scheiben von einer Kartoffel setzen.

200g Schafskäse mit einer Gabel zerdrücken.

150g Oliven, ohne Stein, grob hacken.

Käse und Oliven über die Kartoffeln geben. Mit Kräutern der Provence bestreuen.

Alufolie fest verschließen, und die Päckchen 10 Min. auf dem heißen Grill liegen lassen.

Röstis zum Grillfest

Tiefgekühlte Röstis im Backofen aufbacken, in eine Alugrillpfanne legen, auf dem Grill heiß halten.

Gegrillte Früchte

2 Bananen schälen, längs halbieren,
1 Dose Ananas gut abtropfen lassen, trockentupfen, mit Öl bepinseln, mit
1 Tl Currypulver und ein wenig Ingwer bestreuen.
Ananasringe und Bananen auf geölte Alufolie legen und etwa 10 Minuten grillen.

Gefüllte Zucchini

200 g Schafskäse zerdrücken, mit
½ Tl grobgeschrotetem Pfeffer,
1 Tl Paprikapuder edelsüß,
1 Tl Kräuter der Provence mischen.
2 mittelgroße Zucchini der Länge nach halbieren, das Innere mit einem Löffel herausheben, fein hacken und mit dem Käse vermischen. Zucchini mit dieser Mischung füllen, auf eine mit Öl bestrichene Alufolie setzen und etwa 15 Min. grillen.

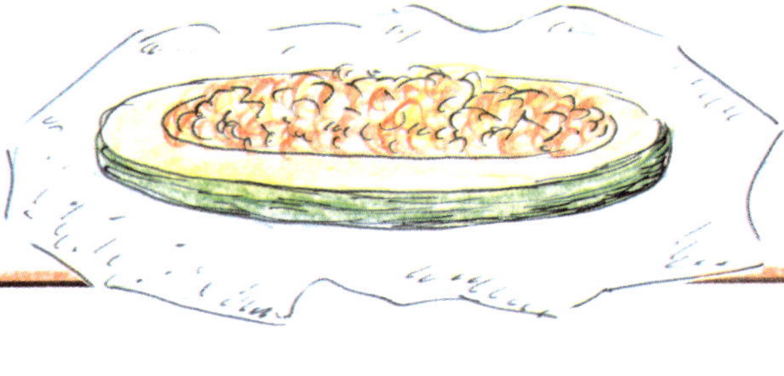

Aufgespießtes

Spieße können sowohl gegrillt, als auch in der Pfanne gebraten werden.
Für eine Grillparty oder für ein Schlemmerfest im Freien bieten sie eine willkommene Abwechslung. Doch der große Vorteil aller Spieße liegt darin, daß man sie schon eine lange Zeit vor dem Eintreffen der Gäste vorbereiten kann. So brauchen die Spieße zum gewünschten Zeitpunkt nur noch gegrillt, bzw. gebraten werden.

Wurst mit Ananas

Dosenwürstchen in etwa 3 cm dicke Scheiben schneiden.
Ananasscheiben in mundgerechte Stücke schneiden, gut abtropfen lassen und mit etwas Zitronensaft beträufeln. Im Wechsel Wurst und Ananas aufspießen und im Grill oder in der Pfanne in Butter braten.

Bunte Spieße mit Kartoffeln

8 Spieße

24 kleine Kartoffeln in der Schale mit reichlich Salz und Kümmel in 15 Min. fast gar kochen, abschrecken und pellen.
ca. 400 g Zucchini in Stücke schneiden, leicht salzen.
16 Kirschtomaten waschen
16 dünne Scheiben Frühstücksspeck oder durchwachsener Speck, (etwa 250 g).

Kartoffeln, Tomaten und Zucchini abwechselnd auf Spieße stecken.
Damit die Zutaten saftig bleiben, werden pro Spieß 2 Speckscheiben wellenförmig zwischen die einzelnen Gemüse gesteckt.
Auf eingeölter Alufolie etwa 10 Minuten rundherum grillen.

Variation:
4 Zwiebel pellen, vierteln, die einzelnen Schichten voneinander lösen. In einer Pfanne Butter erhitzen, Zwiebeln und Spieße bei mäßiger Hitze braten. Mit Kräutern bestreuen.

Wurstspießchen

4 Schalotten oder kleine Zwiebeln schälen
4 Kirschtomaten waschen
2 kleine Zucchini in dicke Scheiben schneid.
4 Grillwürste, jede Wurst in 4 Teile " .
Gemüse im Wechsel mit den Wurst-stücken auf Spieße stecken. Die Spieße mit Öl bestreichen und von jeder Seite etwa 4 Min. grillen.

Spießchen „Florida"

500g Hähnchenbrustfilet und
2 dicke Scheiben Kochschinken in 2 cm große Würfel schneiden.
6 Sch. Ananas in Stücke und
2 - 3 Bananen in etwa 2 cm dicke Scheiben schneiden. Mit
1 El Zitronensaft beträufeln. Alle Zutaten abwechselnd auf 8 Spieße stecken. Etwas Öl mit Curry und Paprika verrühren und damit die Spießen bepinseln und von allen Seiten grillen.

Züricher Spieße

Dosenwürstchen in 2cm dicke Scheiben schneiden

Kirschtomaten oder kleine feste Tomaten in dicke Scheiben schneiden

Emmentaler Käse in mundgerechte Würfel schneiden. Jeden Käsewürfel mit einer dünnen Scheibe gut durchwachsenen Speck umwickeln.

Dosenwürstchen, Tomaten und Speckkäse abwechselnd auf Spieße stecken. Die Spieße bei nicht zu starker Hitze grillen. Der Käse muß weich werden, darf aber nicht aus seiner Speckhülle herausschmelzen.

Dazu schmeckt Bier und Brot.

Sie können aber auch zu den Spießen "Röstis" reichen. Im Backofen aufbacken, in eine Alu-Grillpfanne legen, evtl. auf dem Grill warmhalten.

Gegrillte Fische

Besonders geeignet zum Grillen sind Forellen, Makrelen, Felchen und Fischfilets.

Zubereitungsart 1

- Der gesäuberte Fisch wird gesäuert, das heißt, er wird von innen und außen mit Zitronensaft beträufelt und danach mindestens 20 Min. stehen gelassen.
- Kurz vor dem Grillen wird der Fisch trocken getupft, mit Öl bepinselt, mit Mehl bestäubt oder in Mehl gewendet und von innen leicht gesalzen.
- Vor dem Grillen einen Stengel Petersilie, Dill oder Estragon in den Fisch legen.
- Wird der Fisch zum Grillen auf Alufolie gelegt, muß die matte Seite außen sein. Der Fisch wird also auf die glänzende Seite gelegt, die zuvor mit Öl eingepinselt wurde.
- Grillzeit: Je nach Größe der Fische rechnet man für jede Seite 4 - 8 Minuten.
- Vor dem Anrichten kann man auf dem Fisch etwas Butter zerlaufen lassen oder man reicht separat Kräuterbutter dazu.

Zubereitungsart II

Marinierter Fisch

Der gesäuberte Fisch wird in eine Marinade gelegt:

Marinade

1/8 l Öl, Saft 1/2 Zitrone, 1 feingehackte Zwiebel, Salz, Pfeffer, 1 Bund geh. Petersilie, 1 Bund Schnittlauchröllchen.

Die Zutaten verrühren, den Fisch hineinlegen, 1 Teil der Zwiebelwürfel und Kräuter auf dem Fisch verteilen. Zugedeckt 1 Std. darin liegen lassen.

· Vor dem Grillen einen Stengel Petersilie, Dill oder Estragon in den Fisch legen.

Weitere Zubereitung siehe Zubereitungsart I.

Frischkost-Gemüse

serviert mit verschiedenen Dips

Je nach Belieben können Sie verschiedene Gemüsearten auswählen, um sie als Frisch- oder Rohkost anzubieten. Das Gemüse wird entsprechend zerkleinert und mit mehreren Dips angeboten.
So werden in der Regel

- Möhren, Kohlrabi und Sellerie gestiftet,
- Radieschen, Gurken und kleine Zucchini in Scheiben geschnitten,
- Paprikaschoten können sowohl in Form von Spalten, Streifen und Würfeln angeboten werden,
- Melonen können sowohl als Spalten wie als Kugeln angeboten werden. Mit einem Kugelausstecher lassen sich ganz einfach Kugeln aus dem Fruchtfleisch bohren.
- Tomaten werden in Vierteln oder Scheiben angeboten.

Dips...

Gorgonzola-Soße

3 Teile Gorgonzola (Blauschimmelkäse)
1 Teil Schmand (Sauerrahm), je nach
Geschmack Schnittlauch u. Petersilie
Wer's milder liebt, nimmt 2 Teile Käse u. 2 Teile
Schmand.

Aurora-Soße

3 Teile Mayonnaise, 1 Teil Tomatenketchup
1 Tropfen Tabasco, etwas Sherry

Tataren-Soße

2 El Schnittlauchröllchen
1 hartgek. Ei und 4 Cornichons fein würfeln
1 1/2 Becher Schmand, 1 El Kapern.

Island-Soße

4 El Salatmayonnaise, 2 El Essig
4 Spritzer Tabasco verrühren
1/2 Paprikaschote (rot oder grün) in sehr
dünne Streifchen schneiden, unter die
Soße rühren. Mit Salz u. Paprika edelsüß
abschmecken.

Dips

1 Glas Salatmayonnaise auf 3 verschiedene Schüssel verteilen.

Kräuterdip

Zu dem ersten Drittel 5 El saure Sahne und 2 El gemischte, gehackte Kräuter geben

Tomatendip

Das zweite Drittel mit 3 El Quark und 1 El Tomatenmark mischen.

Currydip

Den Rest mit 5 El Hüttenkäse und
1 El Curry verrühren.
Die Dips mit Salz, Pfeffer und
1 Pr. Zucker abschmecken.

Für Sommerparty und Sonnentage
erfrischende Getränke
und Eisspezialitäten

"Durst macht aus Wasser Wein."
(Sprichw.)

Alkoholfreie Getränke

Die gute Laune ist nicht allein vom Alkohol abhängig. „Jugend ist Trunkenheit ohne Wein", sagte Goethe einmal.

Spitze bei Hitze

Zu den durstlöschenden Getränken zählen in erster Linie Mineralwässer und Kräutertees. Doch bei einer Sommerparty lassen diese Getränke das Herz der Gäste nicht höher schlagen. Serviert man das Wasser mit einer Zitronenscheibe und Eiswürfel, gewinnt es schon gewaltig an „Ansehen".

Ein sehr erfrischendes Getränk ist Schorle.
Man kennt das Getränk auch unter dem Namen „Gespritzter".

Hierfür mischt man zu gleichen Teilen spritzigen Weißwein und Mineralwasser.
Möchte man die Schorle als alkoholfreies Getränk servieren, so setzt man statt Weißwein Apfelsaft ein.

Je nach Geschmack können die Mengen variiert werden.

Die Schorle läßt sich durch beliebige Früchte verbessern.
Man serviert eine Schale mit Früchten zur Selbstbedienung. Die Früchte werden ins Glas gegeben und mit Schorle aufgefüllt.
Geeignete Obstarten sind: Erdbeeren, Himbeeren, Sauerkirschen, Pfirsiche, Aprikosen, Ananas, Kiwis.

Kinderbowle

Die Schorle wird in ein Bowlegefäß gefüllt und vorbereitete Früchte hineingegeben. Man läßt die Früchte mit dem Apfelsaft 1 Stunde im Kühlschrank ziehen. Vor dem Servieren füllt man mit gut gekühltem Mineralwasser auf. Sparsam süßen.

Kinderbowle - exotisch

3 Orangen würfeln
3 Bananen scheibeln
3 Kiwis scheibeln
3 Scheiben Ananas würfeln.
Die vorbereiteten Früchte in ein Bowlegefäß füllen, mit
2 Flaschen hellen Traubensaft und
100g Zucker ansetzen, kühl stellen. Vor dem Servieren mit
2 Flaschen Mineralwasser auffüllen.

Grüne Minna

1-2 El gestoßene Eiswürfel und
2 El Waldmeistersirup in ein Glas füllen. Mit Mineralwasser auffüllen.

Unmittelbar vor dem Servieren
1 El Zitroneneis aufsetzen.

Regenbogenbowle (6 - 8 Personen)

1/4 Wassermelone schälen, würfeln
2 Ananasscheiben würfeln und von
1 Mandarine die Schnitze in ein Bowlegefäß füllen.
1l Apfelsaft und
100g Zucker zufügen, durchrühren und den Ansatz 1 Stunde im Kühlschrank durchziehen lassen. Vor dem Servieren
1l Mineralwasser zugießen und Zitronenscheib. von
1 Zitrone in die Bowle geben. Mit Pfefferminzblätter garnieren.

Fruchtsafttee (4 - 6 Personen)

2 Tassen Früchtetee, 4 Tassen Traubensaft,
2 Tassen Grapefruitsaft, 4 " Mineralwasser.
Den aufgebrühten, abgekühlten Tee mit den Säften und dem Wasser in einem Gefäß mischen. Nach Geschmack süßen. Gut gekühlt servieren.

Birnen - Zitronen - Himbeer - Bowle

Von
1-2 Teerosen die Blütenblätter abzupfen, mit
2 El braunem Zucker zerdrücken und mit
20 ml Limettensirup vermischen. (Ersatzweise Kiwisirup, Apfel- oder Birnendicksaft einsetzen u. 2 El Zitronensaft.)
1/4 l Wasser mit
2 Beutel schwarzem Tee aufbrühen. Etwa
6 Eisstücke in ein größeres Gefäß geben und den Tee über die Eiswürfel gießen. Das Blüten-Zucker-Sirup-Gemisch zufügen. Die Mischung 12 Stunden kalt stellen. Danach die Flüssigkeit durch ein sehr feines Sieb in ein Bowlegefäß gießen. Mit
2 Flaschen eiskaltem Birnensaft auffüllen und umrühren.
2 Flaschen Mineralwasser zugießen.
8 El Himbeeren in die Bowle geben.
Zur Dekoration ein paar Teerosenblätter auf der Bowle schwimmen lassen.

Mixgetränke mit Obst, Milch und Eis –

Köstlichkeiten für vielerlei Gelegenheiten

Alkoholfreie Drinks aus Obst, Milch und Eis schmecken nicht nur gut,

- sie erfrischen,
- füllen Energien auf nach
- intensivem Spiel
- nach getaner Arbeit und
- während einer längeren Autofahrt,

Im Sommer schätzt man die Milchmixgetränke
- als Zwischenmahlzeit oder
- als willkommener Auftakt zum Mittagessen.

Rezept für 1 Portion

2 El Früchte, 1 Tl Zucker
1-2 El gestoßene Eiswürfel mit
1 El Zitronensaft mixen oder pürieren. Mit gut
1/8 l Frischmilch, Buttermilch oder Joghurt auffüllen.
Wahlweise können einzelne Fruchtsorten oder Fruchtkombinationen eingesetzt werden.

Fruchtkombinationen, die zusammen harmonieren:
- Erdbeeren u. Johannisbeeren;
- Pfirsiche, Äpfel, Orangen, Zitronensaft;
- Melone, Ananas, Pfirsiche, "
- Orangen, Bananen, Melone, " ;

Die Hinzugabe von Sahne

verbessert den Geschmack der Mixgetränke. Da die Sahne 28 - 30% Fett enthält, wird der Energiegehalt beachtlich erhöht. Sahne erst zum Schluß zugeben.

Servieren

Die Milchmixgetränke können in einem Longdrinkbecher mit Trinkhalm serviert werden. Kekse und Kleingebäck erweitern das Angebot.

Fruchtbuttermilch

1/4 l Buttermilch
250g entsteinte Kirschen aus dem Glas
4-6 zerkleinerte Eiswürfel und
2 El Zucker in eine Schüssel geben und mixen.
200g Sahne mit Vanillezucker steif schlagen und unterziehen. Auf 4 Gläser verteilen.

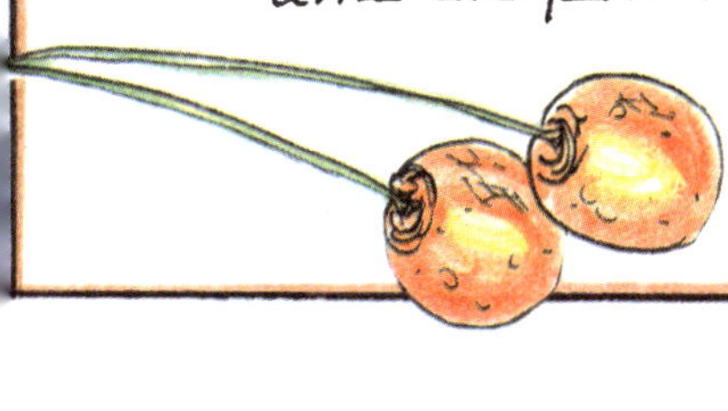

Ananas-Traum

6-8 El Ananasstückchen
2 Tl Zucker und
1 P. Vanillezucker mixen.
½ l Milch auffüllen.
Auf 4 Gläser verteilen.
1/8 l Sahne steifschlagen. Jedes Glas mit einem Sahnetupfer versehen und mit geh. Krokant bestreuen.

Bananenmix mit Vanilleeis

½ reife Banane
4 El Orangensaft
1 El Zitronensaft
1 El Vanilleeis
1/8 l Milch. Alle Zutaten mixen.
Mit Strohhalm servieren. 1 Portion

Göttertrank

Saft von 2 Zitronen mit Zucker nach Geschmack verrühr.
Zuerst
4 El Sahne, dann
200 ml Apfelsaft zugeben und verrühren. Kalt stellen. Kurz vor dem Servieren kaltes Mineralwasser zufügen. (4 Portionen)

Birnentrunk (f. 4 Personen)

2 Becher Joghurt
3/8 l Buttermilch
3 saftige Birnen schälen, halbieren, entkernen und im Mixer pürieren. Joghurt, Buttermilch,
1 El Honig u. 1 Pr. Zimt zugeben u. verquirlen.

Zitronenwölkchen

1 Ei mit
2 El Zitroneneis verschlagen, mit Milch auffüllen, mit
1 Waffel servieren. (f. 1. Port.)

Erdbeer-Flip

1 Eigelb mit
2 El Erdbeereis verquirlen, mit Mineralwasser auffüllen.
(f. 1 Portion)

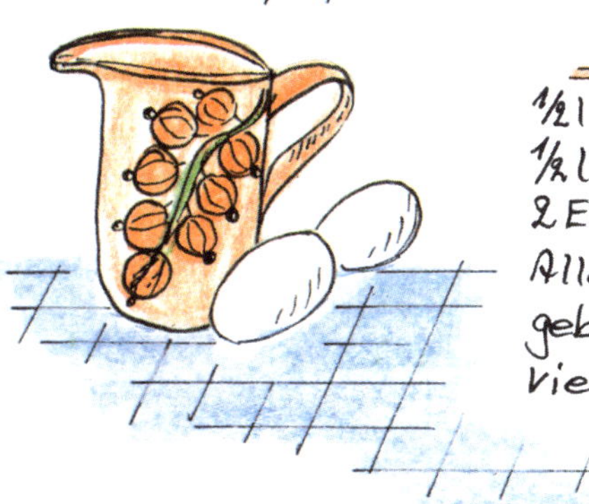

Johannisbeertraum

1/2 l Milch, 4 Eier,
1/2 l Johannisbeersaft, 4 El Sahne,
2 El Zucker, 2 El Zitronensaft.
Alle Zutaten in einen Mixer geben und gut gekühlt servieren. (f. 4 Personen).

Erfrischungssorbet

1-2 El gestoßene Eiswürfel in ein Glas füllen, mit rotem Traubensaft und
etwas Mineralwasser auffüllen.
Vor dem Servieren
1 El Erdbeereis aufsetzen.

Ananassorbet

4-6 Scheiben Ananas zerkleinern, mit
4 El Zitroneneis mixen, auf
4 Gläser verteilen und mit Sekt oder
Ananassaft auffüllen.

Himbeersorbet

2 gehäufte El Himbeeren
2 El Himbeereis nacheinander in ein Glas füllen
1 El Himbeesirup darüberziehen und mit Mineralwasser oder Sekt auffüllen.

Orangen-Zitronen-Sorbet

1-2 El zerkleinerte Eiswürfel in ein Glas geben, mit
Orangensaft auffüllen.
Vor dem Serieren
1 El Zitroneneis aufsetzen.

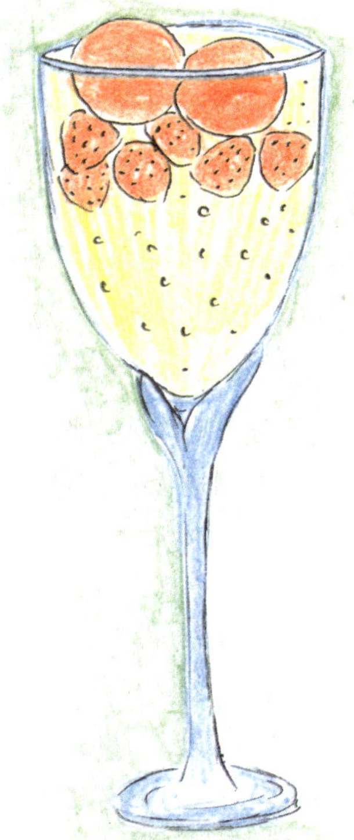

Eis - Bowlen

Erdbeer - Eis - Bowle

250g Erdbeeren waschen, trockentupfen, halbieren und auf 4 Gläser verteilen. Darauf in jedes Glas

2 Kugeln Erdbeereis geben. Mit

Sekt, Wein oder mit Mineralwasser auffüllen.

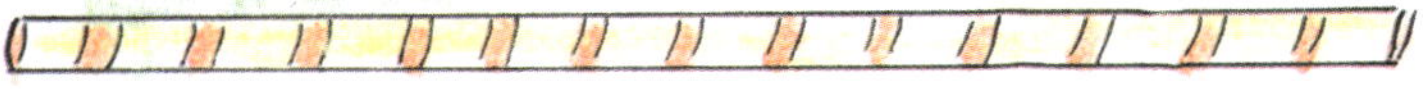

Zitronenbowle

2 große Pfirsichhälften würfeln, auf 4 Gläser verteilen. In jedes Glas

2 Kugeln Zitroneneis geben. Mit

Sekt, Weißwein oder mit Mineralwasser auffüllen.

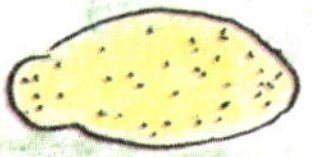

Sanfter Engel

150 g frische oder tiefgefrorene Erdbeeren in Stücke schneiden, auf 4 Cocktail-Gläser verteilen.

400 ml Orangensaft mit mit Ingwer abschmecken.

100 ml Bourbon-Vanilleeis in ca. 2x2 cm große Würfel schneiden. Auf die Erdbeeren geben, und mit dem Orangensaft auffüllen.

Tip: Statt Erdbeeren können Sie auch Aprikosen oder Pfirsiche aus der Dose verwenden.
Je nach Belieben kann der Saftanteil etwas reduziert werden. Statt dessen füllt man das Glas mit gut gekühltem Sekt und einem Schuß Wodka auf.

Eisspezialitäten

Eisbecher

Eisdessert mit verschiedenen Eissorten, Obst und Sahnetupfer.

Mögliche Ergänzungen:

Das Eis kann mit Fruchtsirup, Likör oder mit flüssiger Schokolade beträufelt werden. Der angerichtete Eisbecher kann mit Krokant, gehackten Pistazien oder Schokolade bestreut werden.

Exotischer Früchteteller mit Eis

2 Kiwis schälen, das Fruchtfleisch in Stücke schn.
1 kleine Dose Mandarinen in ein Sieb schütten, abtropfen lassen.
2 gr. Ananasscheiben in Stücke schneiden.
100g Himbeeren putzen. Obst mischen und auf vier Glasteller verteilen. Ein Gemisch von
3/8l Ananas- und Mandarinensaft abmessen, mit
1 Päckchen Tortenguß u. Anleitung binden. Leicht abgekühlt über die Früchte gießen. Kurz vor dem Servieren jeweils
3 Kugeln Vanilleeis in die Mitte des Tellers setzen. Mit
100g zerbröckelten Makronen bestreut servieren.

Pfirsich - Schoko - Becher

Das Fruchtfleisch von
4 vollreifen Pfirsichen oder Pfirsichen aus der Dose im Mixer pürieren. Dabei nach und nach
1/8 l Pfirsichsaft und
4 cl Pfirsichlikör zufügen.
1/8 l süße Sahne mit
1 Päckchen Vanillezucker steifschlagen.
1/2 Haushaltspackung (250 ml) Schokoladen- oder Nußeis in 4 Teile schneiden, aufrecht in 4 Kelchgläser stellen und mit dem Pfirsichpüree übergießen.
Die Sahne darauf verteilen.
Zum Schluß
4-6 El Himbeer - oder Erdbeersirup über die Sahne der 4 Gläser laufen lassen.

Gefüllte Melone mit Erdbeer-Eiscreme

2 Netzmelonen (kleine Melonen) halbieren und rundherum sternförmig ausschneiden, anschließend mit einem Kugelausstecher das Fruchtfleisch herauslösen.
4 Pfirsichhälften würfeln.
2 Kiwis in dicke halbierte Scheiben schneiden.
100g Erdbeeren putzen, halbieren. Die zerkleinerten Früchte in eine Schüssel geben und mischen, mit
2 El Zucker bestreuen, mit
6 cl trockenem Sherry begießen, kühl stellen, mindestens 20 Min. lang vor dem Servieren marinieren lassen. Danach die Früchte in die ausgehöhlten Melonenhälften füllen. Das Erdbeereis in die Mitte setzen.

Pfirsichsterne mit Vanilleeis und Sahnehaube

1 Dose Pfirsiche auf ein Sieb schütten, abtropfen lassen. Jede Pfirsichhälfte dritteln.
200g Sahne steifschlagen. Spritzbeutel füllen. Mit der großen Sterntülle je eine Rosette auf die Mitte von 4 Glastellern setzen.
Pfirsichspalten sternförmig anordnen, mit den Spitzen leicht in die Sahne drücken.
Wieder etwas Sahne darüberspritzen, damit die Sahnerosette sauber aussieht.
Platz für das Eis freilassen.
Kurz vor dem Servieren die Vanilleeis-Kugeln auflegen und mit
Haselnußkrokant (Fertigprodukt) bestreuen.

Apfel mit Erdbeereis

4 kleine, leichtsäuerliche Äpfel, z.B. Cox Orange oder Elstar, schälen, halbieren u. das Kerngehäuse großzügig entfernen.

1/4 l Apfelsaft mit

1 Zimtstange erhitzen u. die Äpfel darin ca. 2 Min. köcheln lassen. Die Äpfel müssen weich sein, dürfen aber nicht auseinander-fallen. Herausnehmen und gut abtropfen lassen.

250g Erdbeeren, frisch o. TK, im Mixer pürieren. Mit

1 El Zitronensaft und Zucker abschmecken. Erdbeerpüree auf 4 Teller verteilen. Die vorbereiteten Apfelhälften daraufsetzen und jeweils

1 Kugel Erdbeereis darauf legen. Mit Zitronenmelisse garnieren.

Kiwi - Zitronen - Zauber

8 Kiwis schälen.
Davon 3 Früchte in Scheiben schneiden, 5 Früchte kleinschneiden und im Mixer pürieren.
1 kleine Orange halbieren, auspressen, Saft unter das Kiwipüree rühren. Mit
1 Päckchen Vanillezucker süßen.
Das Fruchtpüree auf vier Glasteller verteilen.
Die Kiwischeiben in das Fruchtpüree setzen. Auf jeden Teller
2 Kugel Zitronen- oder Vanilleeis setzen.
Zum Schluß alles mit
2 Tl Mandelstiften bestreuen.

Vanilleeis mit Brombeer- oder Himbeermus

300g Brombeeren oder Himbeeren mit feinem Zucker und
100ml Wasser kurz dünsten, abkühlen lassen und
2 Gläschen Kroatzbeerlikör dazugeben.
200g Sahne steifschlagen.
100g Himbeeren oder Brombeeren zerdrücken und unterheben. Nach Belieben süßen. Gedünstete Brombeeren auf Dessertschalen verteilen, Eiskugeln auflegen, mit Brombeersahne und Schokoladenplätzchen garnieren.

Schwarz und weiß

Schokoladeneis mit weißer soße

100 g weiße Schokolade mit
2 El Sahnelikör oder Eierlikör im Wasserbad unter Rühren zum Schmelzen bringen. Aus dem Wasserbad nehmen und
100g Schmand unterziehen.
200g Sahne steifschlagen, mit
3 El Sahnelikör mischen und unter die weiße Schokoladenmischung heben.

Auf Portionsteller verteilen und kühl stellen. Vor dem Servieren Schokoladeneis-Kugeln auf den weißen Spiegel setzen. Das ganze mit Pistazien bestreuen.

„Je später der Abend,
je schöner die Gäste“.

Süße Schlußpunkte

Der „süße" Speisezettel

Süße Speisen sind Gedichte
aus der Küchenkunstgeschichte:
Mal erhitzt – mal kaltgestellt,
grad, wie man's für richtig hält.
Oft gerührt und viel geschlagen,
dann mit Stolz zu Tisch getragen,
als Finale nach dem Mahle,
oder auch als Vollgericht.
Kenner sagen: „warum nicht!"
Noch ein Lob der Obstverzierung,
Anerkennung der Garnierung –
dann wird aber kurzentschlossen
alles bis zum Rest genossen.
Und die Hausfrau lächelt weise:
So geht's jeder süßen Speise.

Gefüllte Aprikosen „Mombach"

4 reife Aprikosen oder 2 große Pfirsiche halbieren, entsteinen und mit der Öffnung nach oben auf einer Platte anrichten.

50g Marzipan - Rohmasse mit 1 El Puderzucker u.
1 El Maraschino verkneten. Die Masse, gleichmäßig verteilt, in die Fruchtvertiefungen füllen.

150g Sahne mit mit etwas Zucker und Vanillez. steif schlagen und damit die Fruchthälften garnieren. Zum Schluß je ½ Maraschinokirsche darauf legen und mit Mandelblättern bestreuen.

Cassimark mit Sahne

100g rote und 200g schwarze Johannisbeeren mit
100g Zucker und ml Wasser dünsten, nicht kochen. Dann mixen u. durch ein Sieb passieren.

3 Blatt Gelatine in kaltem Wasser einweichen, danach in dem heißen Johannismus auflösen. Kalt stellen.

1 Becher Sahne mit Vanillezucker steif schlagen und im Wechsel mit dem erkalteten Fruchtmark in eine Schale füllen.

Weincreme

4 Blatt Gelatine in kaltem Wasser einweichen.
3 Eier mit 100g Zucker schaumig schlagen.
20g Speisestärke, 2 El Zitronensaft und
1/2l Wein zugeben auf dem Wasserbad oder auf der Herdplatte bei Mittelhitze solange schlagen, bis die Masse hochsteigt. Die eingeweichte, ausgedrückte Gelatine zugeben, unterschlagen. Während des Erkaltens wiederholt durchschlagen.
200g Sahne mit Vanillezucker steifschlagen. Sobald die Creme zu stocken beginnt, die Sahne unterheben, in Glasschalen oder Gläser füllen. Mit Sahne, Makrönchen, Dekorblättchen kann nach Belieben garniert werden.

Preiselbeer-Rotweincreme

4 Blatt weiße und 3 Bl. rote Gelatine in kaltem Wasser einweichen.

4 Eigelb mit 60g Zucker schaumig schlagen.

1/4l Rotwein u. 1/8l Preiselbeersaft, ersatzweise Traubensaft, zugeben und verschlagen.
Die eingeweichte Gelatine ausdrücken u. in 3 El. heißem Wasser auflösen, laut Anweisung zur Flüssigkeit geben. Kühl stellen.

200g Sahne mit 1 P. Vanillezucker steifschlagen.
Sobald die Creme zu stocken beginnt, die Sahne und

2-3 El Preiselbeerkompott zugeben und mischen.
Abschmecken, bei Bedarf mit etwas Puderzucker nachsüßen, dann einfüllen. Nach Belieben mit Sahne, Makrönchen, Schokoladendekorblättchen oder blauen Trauben garnieren.

Welfencreme

3/8 l Milch mit 1 Pr. Salz, Vanillezucker und
30 g Zucker zum Kochen bringen.
30 g angerührte Speisestärke unter Rühren hinzugeben und aufkochen lassen.
3 Eiweiß mit etwas Zucker steifschlagen und mit der kochenden Creme verschlagen. Abgekühlt
1 El Schmand darunterziehen, in eine Glasschale füllen.

Weinschaumsoße:

3 Eigelb mit
80 g Zucker schaumig rühren.
1/4 l Weißwein, 1 El Zitronensaft und
1 1/2 Tl Mondamin zugeben u. verrühren. Im Wasserbad oder auf nicht zu heißer Herdplatte leicht cremig aufschlagen. Soße auf die erkaltete Creme füllen.
Dazu schmecken Makrönchen.

Joghurtcreme mit Weintrauben

6	Blatt weiße Gelatine in kaltem Wasser einweichen.
3	Becher Naturjoghurt (zus. 450g)
100g	Zucker und Saft
½	Zitrone vermischen. Die eingeweichte Gelatine mit der Hand ausdrücken und in 2 El heißem Wasser auflösen, mit der Joghurtmasse verbinden, dann abschmecken.
200g	Sahne mit
2	Päckchen Vanillezucker steifschlagen.
250g	kernlose Weintrauben waschen, trockentupfen. Sobald die Masse zu stocken beginnt, die Sahne und dann die Weintrauben unterheben.

Kiwi - Creme

3 Blatt Gelatine zum Einweichen in kaltes Wasser legen.
1/4 l hellen Traubensaft zum Kochen bringen, mit
30 g angerührter Speisestärke binden
4 Kiwis pürieren und zugeben, abschmecken. Etwas abgekühlt in Gläser füllen. Die gequollene Gelatine in 2 El heißem Wasser auflösen und mit
1/8 l Sahne-Vanille-Likör verrühren.
1 Becher Sahne mit Vanillezucker steifschlagen. Wenn die Masse zu stocken beginnt, die Sahne unterheben, auf das Kiwipüree verteilen. Etwas Sahne aufsetzen, mit einer Kiwischeibe garnieren.

Sherrycreme

1 Zitrone abbürsten, abtrocknen und die Schale hauchdünn abschneiden, dann in feine Streifchen schneiden. Den Saft von der Zitrone mit

2 El Puderzucker verrühren und dann mit

1/8 l Sherry mischen.

4 Blatt weiße Gelatine 10 Min. einweichen, auflösen und mit dem Sherry vermischen.

2 Becher Schmand (zusammen 300 g) mit dem Schneebesen des Handrührgerätes dickschaumig aufschlagen und die Sherrymischung langsam zugeben. Mit Vanillezucker abschmecken. In eine Glasschüssel oder in Portionsgläser füllen.

Variation: Anstatt Sherry kann Weißwein, Portwein oder Madeira eingesetzt werden.

Mit Orangenscheibe u. Zitronenschale garnieren.

Kir - Royal - Creme

4 Blatt weiße Gelatine in kaltem Wasser einweichen.
2 Eigelb mit
100 g Zucker schaumig rühren.
1/4 l Sekt zufügen. Die Gelatine in 3 El heißem Wasser auflösen, nach Vorschrift zugeben.
200 g Sahne mit Vanillezucker steif schlagen. Sobald die Masse zu stocken beginnt, die Sahne damit vermischen. In Gläser füllen und erstarren lassen.
2 Blatt rote Gelatine einweichen, auflösen, mit
1/8 l Johannislikör verrühren. Etwas abkühlen lassen und vorsichtig mit einem Eßlöffel als Spiegel über die Creme ziehen. Mit Sahne garnieren.

6 Portionen

Buttermilch-Krokant-Creme mit Beerenmark

8 Blatt Gelatine in kaltem Wasser einweichen.
4 Eigelb mit 125 g Zucker im Wasserbad o. bei mäßiger Hitze auf der Herdplatte schaumig schlagen, bis die Masse cremig wird. Die Gelatine ausdrücken und in der heißen Eigelb-Zuckermischung auflösen. Etwas erkalten lassen, dann
½ l Buttermilch und Saft
½ Zitrone unterrühren.
1 Becher Sahne mit Vanillezucker und Sahnesteif schlagen. Wenn die Masse zu stocken beginnt, die Sahne und
50 g Haselnußkrokant unterheben. Tassen kalt ausspülen, Creme einfüllen u. kühl stellen. Ca.
800 g Beerenfrüchte pürieren u. nach Geschmack süßen. Jeweils eine Tasse mit Creme auf einen großen flachen Teller stürzen, mit Beerenmark umgießen. Mit ein paar frischen Früchten, Minzblättchen u. Pistazien garnieren.

Schokoladenflammerie mit Ananassoße

5-6 Portionen

2 Blatt Gelatine einweichen
1/2 l Milch – davon etwas zum Anrühren der Speisestärke zurücklassen. Milch mit herausgeschabtem Mark
1/2 Vanilleschote,
60 g bittere Schokolade und
100 g Zucker ankochen.
40 g Speisestärke mit restlicher Milch und
2 Eigelb verrühren, in die kochende Milch geben und aufkochen lassen, vom Herd nehmen. Eingeweichte Gelatine zugeben, verrühren. Masse in mit kaltem Wasser ausgespülte Form oder in Förmchen füllen.

Ananassoße:

1/4 l Ananassaft mit dem herausgeschabten Mark
1/2 Vanilleschote ankochen. Von
400 g Ananas 2/3 des Fruchtfleisches pürieren, 1/3 davon in kleine Stückchen schneiden. Die Stückchen ca. 2 Min. im Saft kochen lassen, dann
1 El Weinbrand u. Ananaspüree zugeben, Soße erkalten lassen, Flammerie stürzen. Mit Schlagsahne und Pistazien garnieren, mit Soße umgießen u. dazureichen.

Äpfel in Vanillecreme (6 Peronen)

4 Äpfel (Boskop oder Cox Orange), Äpfel schälen, halbieren, entkernen, in Scheibchen schneiden.
1/8 l Weißwein,
1/8 l Wasser mit Zucker süßen, ankochen, Äpfel hineingeben und in etwa 5-6 Min. gar dünsten.
Eine flache Schale mit Rand mit
Löffelbiskuits auslegen, mit
Rum beträufeln und abgetropfte Äpfel darauflegen.

Vanillecreme:

1/2 l Milch - davon etwas zum Anrühren der Speisestärke zurücklassen, mit
1 P. Vanillezucker,
50 g Zucker und 1 Prise Salz ankochen.
30 g Speisestärke mit der restlichen Milch und
1 Eigelb anrühren, in die kochende Milch einrühren und aufkochen. Eiweiß steif schlagen locker unterheben. Wenn die Creme erkaltet ist,
200 g Sahne schlagen, die Hälfte davon unter die Creme rühren und auf die Äpfel füllen.
Die restliche Sahne zum Verzieren einsetzen.

Fruchtsoße mit Mascarpone - Creme

4	Blatt weiße Gelatine in kaltem Wasser einweichen.
150g	Mascarpone (Doppelrahmfrischkäse) mit
3 El	Zitronensaft und
1 El	Zucker schaumig schlagen. Die Masse mit Kirschwasser, Zitrone u. Zucker abschmecken.
200ml	Sahne steif schlagen. Gelatine nach Vorschrift auflösen und unter die Käsemasse schlagen. Mit der steifgeschlagenen Sahne mischen.

Fruchtsoße:

200g	frisches oder tiefgekühltes Obst aufgetaut mit
2 P.	Vanillezucker pürieren. Die Soße anschließend auf Teller verteilen, Mascarpone-Creme mit einem Löffel abstechen und auf die Soße setzen. Vor dem Servieren mit geh. Pistazien bestreuen.

Himbeercreme

4-6 Portionen

3 Blatt rote und
3 Blatt weiße Gelatine in kaltem Wasser einweichen.
2 Eigelb mit
1 El Zucker schaumig rühren.
1/4 l Himbeersaft und
2 El Zitronensaft (oder 1/8 l Weißwein oder Apfelsaft und 1/8 l Himbeersaft) unterrühren.
Abschmecken.
Gelatine in 2-3 El heißem Wasser auflösen, laut Anweisung zu der Flüssigkeit geben.
250 g Himbeeren ganz oder leicht zermust zugeben.
Wenn die Masse zu stocken beginnt,
200 g steifgeschlagene Sahne unterschlagen.
Creme in eine Glasschüssel füllen.

Fruchtbecher

200 g Himbeeren oder Erdbeeren. Tiefgekühltes Obst auftauen lassen.

2 Pfirsiche enthäuten und in dünne Spalten schneiden. Etwa

200 g grüne oder blaue Weintrauben halbieren und entkernen oder kernlose Trauben einsetzen.

100 g Sahne mit Vanillezucker steifschlagen. Die Himbeeren oder Erdbeeren mit Weintrauben und Pfirsichen mischen, leicht zuckern und ein wenig mit Apricot-Brandy oder Pfirsichlikör beträufeln. Auf 4 Portionsgläser verteilen. Auf jede Portion einen dicken Tupfen Sahne setzen.

Mit reichlich Haselnußkrokant bestreuen.

Weißer Fruchtsalat

1 - 2 Äpfel schälen, entkernen, würfeln, mit
2 El Zitronensaft beträufeln und mischen.
1 Orange schälen und filetieren.
1 - 2 Bananen schälen, in ca. 1/2 cm dicke Scheiben schneiden.
50 g gehackte Mandeln zufügen.

Salatsoße:

2 Eigelb schaumig rühren
2 - 3 El Sonnenblumenöl langsam darunterschlagen. Mit
3 El Schmand verrühren. Mit
1 Pr. Zucker und je nach Belieben mit Cointreau, Grand Manier oder mit Bananenlikör abschmecken.

Anmerkung:

Dieser Fruchtsalat schmeckt nicht nur als Dessert, er ist auch eine gutgeeignete Beilage zu Geflügel- oder zu Wildgerichten.

Ananas mit Madeira-Pflaumen

4 große entsteinte Trockenpflaumen in
5 cl Madeira oder in einem anderen Südwein eine Stunde ziehen lassen. Dabei mehrmals schütteln, damit sich die Pflaumen richtig vollsaugen können.
4 Ananasscheiben abtropfen lassen und auf Desserttellern anrichten.
4 geschälte Süßmandeln in die aufgeschnittenen Pflaumen stecken und auf die Ananasscheiben legen.
100 g Sahne mit etwas Vanillez. steifschlagen.
1 Tl Kirschwasser unterrühren.
Die Sahne getrennt reichen oder zum Garnieren einsetzen.

Anmerkung:
Am besten schmeckt's natürlich, wenn Sie frische Ananasscheiben einsetzen. Je nach Belieben kann kann man sie mit 1-2 Tl Kirschwasser, Armagnac Rum oder Cognac beträufeln.

Sorbet – das Halbgefrorene

Nach einem üppigen Essen schmeckt ein leichtfruchtiges Sorbet besonders gut.

Pfirsich-Sorbet

2 zerkleinerte Pfirsiche mit einem El. Puderzucker und 4 EL Pfirsichlikör pürieren. 2 Stdn. gefrieren lassen. 125 g Zitroneneis etwas auftauen lassen und mit dem Pfirsichpüree verschlagen. 1 Eweiß mit Zucker und Zitronensaft steifschlagen, unterheben, über Pfirsichstückchen füllen u. servieren.

Erdbeer Sorbet

300 g Erdbeeren, 1 El Puderzucker, 4 El Erdbeerlikör, 125 g Erdbeereis, 1 Eiweiß. Zubereitung siehe Pfirsichsorbet.

Zitronen Sorbet

1 Eiweiß mit 4 El Likör steifschlagen, mit Zitroneneis verschlagen u. auf Waldbeeren füllen.

Sorbet - Cocktail

Das Sorbet kann mit
Sekt, Wein und Mineralwasser
aufgefüllt werden.

Festausklang
mit Kaffee und Gebäck

Gebäck – serviert als Dessert oder zum Kaffee

Schnelle Kiwi-Törtchen

100 g süße Sahne steif schlagen, evtl. mit Sahnesteif.
150 g Doppelrahmfrischkäse in kleinen Portionen zufügen.
4 El Orangenlikör,
2 El Zitronensaft,
40 g Zucker und Vanillezucker langsam unter Schlagen zugeben. Die schaumige Käse-Sahne in feine Mürbeteigtorteletts spritzen.
Kiwis schälen, in Scheiben oder Achtel schneiden, darauf anrichten.

Biskuitrolle mit Eis

50 g Marzipan-Rohmasse in kleine Stückchen schneiden und in eine Schüssel geben, mit
5 El heißem Wasser kurz verrühren.
5 Eigelb und 60 g Zucker zugeben und zu einer cremigen Masse schlagen.
5 Eiklar mit 60 g Zucker zu steifem Schnee schlagen, auf die Eigelbschaummasse geben.
120 g Mehl darübersieben, sorgfältig unterheben. Backblech mit Backpapier auslegen. Teig daraufgeben u. glattstreichen.

Backzeit: 8-10 Min. bei 220°.

Hinweis: Durch die Zugabe von Marzipan-Rohmasse behält die Rolle weitgehend ihre Elastizität. Mit Aprikosenmarmelade füllen. Auskühlen lassen, in Scheiben schneiden. Vor dem Servieren werden die Scheiben mit Eis belegt und mit einem Sahnetupfer verziert.

Obsttörtchen mit Käse-Sahne

Kugelrund und so gesund!

Anne's Apfel-Pie

10 gehäufte El Mehl, ½ Tl Salz, 1 Msp. Backpulver
2 El Butter, 1 El Schmalz, 2 El Wasser.
Die Zutaten zu einem Mürbeteig verarbeiten, auskühlen lassen. Danach ausrollen und eine gefettete Pie-Form damit auslegen. Je nach Belieben mit Mandelblättchen bestreuen.

Für den Belag

750 g Äpfel in Spalten schneiden, mit
2 El Zucker, Saft 1 Zitrone,
1 P. Vanillezucker fast gar dünsten.
Auf den Mürbeteig füllen. Mit Zimt-Zucker bestreuen und Butterflöckchen belegen.
Im vorgeh. Backofen etwa 40 Min. bei 200° backen.
Warm oder kalt mit Eis oder Vanillesoße servieren.

Apfeltarte mit Rahm

200g Mehl, 100g Butter, 70g Zucker, 1 Ei
1 P. Vanillinzucker, 1 Tl Backpulver u. 1 Pr. Salz.
Die Zutaten mit dem Knethaken des Handrührgerätes zu einem Teig verarbeiten, auswellen. Die gefettete Tarteform oder Springform damit belegen.
600g Apfelstücke (geschält und entkernt gewogen) in wenig Wasser, dem Saft
½ Zitrone und etwas Zucker langsam garen, dann abtropfen und etwas abkühlen lassen.
Den Teig mit
2 Handvoll Löffelbiskuit-Bröseln bestreuen. Die Apfelstücke darauf verteilen,
50g Mandelstifte darüber streuen.
Guß: 2 Becher Schmand (400g), 50g Zucker mit 2 Eiern verschlagen. Die Masse über die Apfelstücke geben.
Bei 180° ca. 45 Min. backen.
Variation: Natürlich läßt sich die Tarte mit Schmandguß auch mit allen anderen Früchten zubereiten.

Fritierte Apfelringe

Ausbackteig:

1 50g Mehl, 100 ccm Milch, 100 ccm Wasser, 2 Eigelb, 1 Tl Öl, 1 Pr. Salz.

Alle Zutaten in der angegebenen Reihenfolge in einem Schüsselchen anrühren.

Äpfel schälen, mit einem Apfelbohrer Kerngehäuse entfernen, in ca. 1 cm dicke Ringe schneiden. Ringe trockentupfen, in Mehl wenden und mit Hilfe einer Gabel in den Ausbackteig tauchen. Im heißen Fett goldgelb fritieren, danach mit Puderzucker bestäuben.

Apfelringe mit je einer Vanilleeiskugel anrichten und mit Himbeersoße übergießen.

Fritierte Äpfel schmecken sowohl als Dessert, wie auch zum Nachmittagskaffee. In gleicher Weise lassen sich Ananasringe und Pfirsichhälften fritieren.

Fritierte Apfelknödel

1 kg	süßsaure Äpfel entkernen und fein würfeln.
250g	gemahlene Haselnüsse leicht anrösten, mit den Apfelwürfeln,
50g	Rosinen, Saft
1/2	Zitrone und
250g	zerbröselten Löffelbiskuits mischen. Mit je
1	Prise Zimt und gemahlenen Nelken würzen.
3	verquirlte Eier, etwas Rum und
1-2 El	Zucker daruntermischen.

Den Apfelteig zu Knödeln formen. In heißem Fett etwa 4 Min. goldgelb aus-backen. Mit warmer Weinschaum-, Heidelbeer- oder Vanillesoße servieren. Die Menge reicht für 4-6 Portionen.

Birnenkuchen

125g Butter , etwas Zitronenaroma,
125g Zucker schaumig schlagen. Nach und nach
3 Eier zufügen, unterrühren.
100g gemahlene Mandeln,
50g Semmelbrösel, je
1 Msp. Zimt und Kardamon,
75g Mehl mit 2 Tl Backpulver gut vermischen.
Alle Zutaten zu einem Teig verrühren.
Eine Pie-Form einfetten und den Teig einfüllen.
5 vollreife Tafelbirnen schälen, in Spalten schneiden und schuppenförmig auf den Teig legen.
2 El Aprikosenkonfitüre mit 1 Gläschen Rum-Aroma verrühren und die Birnen damit bestreichen.
Im vorgeheizten Backofen 50-55 Min. bei 200° backen. Kurz vor Ende der Garzeit den Kuchen mit
100 g Haselnußkrokant überstreuen.

Der Kuchen wird warm in der Form serviert. Er wird mit Vanilleeis oder Vanillesoße als Dessert o. zum Nachmittagskaffee angeboten.

Späte Blechromanze:

Zwetschenkuchen

1500 g Zwetschen
300 ml Milch auf etwa 25° temperieren,
30 g Hefe darin auflösen. Zuerst
80 g Zucker, 1 Ei, 1 Pr. Salz und
80 g Butter mit der Milch verschlagen.
Dann nach und nach
600 g Mehl anfangs darunterschlagen, zum Schluß die Masse zu einem Teig verkneten. Die Teigmasse zugedeckt 15 Min ruhen lassen. Danach ausrollen und auf ein gefettetes Backblech (ca. 33 x 40 cm) geben. Mit
2 Handvoll Biskuitbröseln bestreuen. Die gewaschenen und entsteinten Zwetschen gleichmäßig darauf anordnen. Backofen auf 210° vorheizen, nach 10 Min. Backzeit auf 190° zurückschalten, mit Zimtzucker bestreuen. Weitere 25 Min. backen.

Plätzchenrezepte

- Zum Garnieren von Desserts,
- für den Nachmittagskaffee,
- als Resteverwertung für Eiweiß und Eigelb.

Eiweißgebäck

Makrönchen sind nicht nur zum Fünf-Uhr-Tee begehrt !!!
Sie werden zu Kaltschalen und Desserts gereicht, sie sind ideal zum Verzieren von Torten und Süßspeisen, sie schmecken gut und lassen sich schnell und problemlos zubereiten.
Zudem ist für die Zubereitung einiger Speisen nur das Eigelb erwünscht. Hier bietet sich das Eiweißgebäck direkt als Resteverwertung für das nicht gebrauchte Eiklar an.

Makronenmasse - Grundrezept

1 Eiweiß
60g Zucker
60g gemahlene Mandeln oder Nüsse o. Kokosflocken.

Zubereitung:

- Eiweiß steifschlagen
- Puderzucker oder feinkörniger Zucker zugeben
- danach tropfenweise 1 El Zitronensaft zufügen
- solange weiterschlagen, bis die Masse glänzend ist und Spitzen bildet.
- Mandeln, Nüsse oder Kokosflocken unter die schnittfeste Schaummasse ziehen
- ist die Masse zu weich, kann man etwas Paniermehl zufügen
- mit kleinen Löffeln auf's vorbereitete Backblech oder auf Oblaten setzen.
- bei niederen Temperaturen backen
- der innere Kern muß feucht bleiben.

Backzeit: ca. 30 Min. bei 170°.

Haferflocken - Makronen

Von
4 Eiweiß
200g Puderzucker und ½ Zitrone Schaummasse herstellen.
250g Haferflocken und 50g Haselnüsse unterheben.
Backzeit: ca. 30 Min. bei 170°.

Wespennester

3 Eiweiß steifschlagen

180 g Puderzucker zugeben und solange weiterschlagen, bis die Eiweiß-Schaummasse glänzend ist und Spitzen bildet.

180 g Mandelstifte und

100 g geschabtte Blockschokolade zugeben.

Kleine Häufchen auf Oblaten oder so auf ein gefettetes und bemehltes Backblech setzen. Backzeit: Etwa 30 Min. bei 150-160°.

Variation: Gewürzmakronen

Anstatt Mandelstifte und Schokolade gibt man zu der Eiweiß-Schaummasse

40 g feingehacktes Zitronat

40 g feingehacktes Orangat, 20 g Rosinen u.

1 TL Zimt. Backzeit: Etwa 30 Min. bei 160-170°.

Je nach Belieben können die Makronen nach dem Backen mit dünner Zitronen- oder Rumglasur überzogen werden.

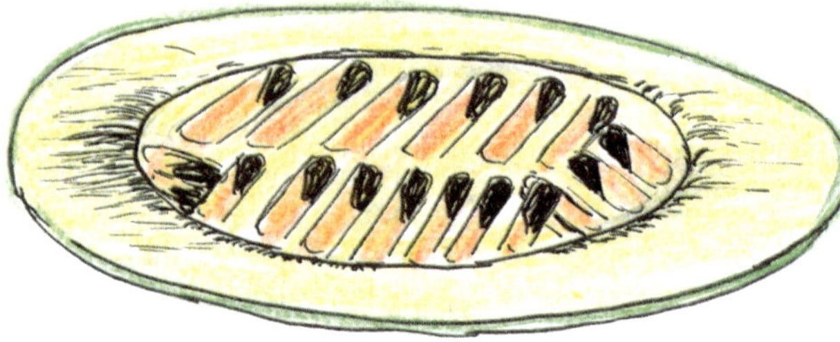

Nußstangen

250 g Mehl
150 g gemahlene Nüsse
150 g Butter
3 Eigelb, 120 g Puderzucker

Die Zutaten mit dem Knethaken des Handrührgerätes zu einem Teig verarbeiten. Den Mürbeteig vor der Weiterverarbeitung ½ Std. kalt stellen.
Ca. 1 cm dick ausrollen.
Mit Hilfe eines Lineals Stangen von 8 cm Länge und 1½ cm Breite schneiden und auf ein vorbereitetes Backblech legen.
Mit Eigelb bestreichen und etwa 20 Min. bei 180-190° backen.

Variation:

Die Plätzchen können nach dem Backen mit einem Puderzuckerguß überzogen werden, oder man bestreicht nur die Ecken mit Schokoladenkuvertüre.

Saure-Sahne-Kringel

250 g	Mehl und
5 EL	saure Sahne oder Schmand in eine Schüssel geben.
175 g	kalte Butter in Form von Flöckchen zugeben.
	Die Zutaten mit dem Knethaken des Handrührgerätes zu einem Teig verarbeiten.
	1/2 Stunde kalt stellen.
	Den Teig etwa strohhalmdick ausrollen, mit Kuchenförmchen ausstechen.
1	Ei mit ein wenig Sahne verschlagen, die Plätzchen mit Ei bepinseln, danach die die Oberfläche des Plätzchens in Hagelzucker oder Haushaltszucker wälzen.
	Backzeit: 10-15 Min. bei 180-200°

Krokantbissen

20 g	Butter und
60 g	Zucker so lange erhitzen, bis der Zuk- ker gelöst und die Masse gelblich ist.
100 g	gehackte Mandeln hinzufügen, unter Rühren erhitzen, bis der Krokant ge- nug gebräunt ist. Dann auf ein geöl- tes Backblech geben. Die erkaltete Kro- kantmasse in kleine Stücke zersto- ßen.
100 g	Zartbitter-Schokolade in kleine Stücke brechen, mit
5 El	Schlagsahne in einem kl. Topf im heißen Wasserbad glattrühren, etwas abkühlen lassen, den zerkleinerten Krokant unterrühren, von der Masse Häufchen abstechen, auf Alufolie setzen und im Kühlschrank fest werden lassen.

In verschlossenen Glas- oder Porzellan- gefäßen kühl aufbewahren.

Gabelplätzchen

200g Butter, 1 P. Vanillinzucker und
100g Puderzucker schaumig rühren.
200g Mehl und 100g Speisestärke langsam zugeben, mischen, verkneten, zu einer Rolle formen, gleichmäßige Teigscheiben abschneiden. Diese zu Kugeln formen, und mit einer Gabel etwas flachdrücken.

Backzeit:
10-15 Minuten
bei 180-190°.

Ende . . .

Das letzte Wort
ist nun geschrieben,
Leg hin den Schreiber
mit Vergnügen,
Und freu' mich, daß ich fertig bin.
Denn wer da glaubt in seinem Sinn,
Daß dieses Buch ohn' Arbeit war,
War nicht dabei, das ist mir klar.
Die Blätter werden unumwunden
Zu einem Buche bald gebunden.
Und jedermann mag selbst erleben,
Was ich im Buche angegeben.
Ich hoffe sehr, es wird gefallen,
Dem Koch, der Köchin, einfach allen!

Register . . . .

Kapitelübersicht

I. Die schnellen Gerichte für eilige Köche

Allgemeine Ausführungen 10-12
Einkauf 12/13
Vorratswirtschaft 13-19
Schnell serviert vom anderen gekocht 19/20

Die schnellen Gerichte

Salate 21 – 25
Supppen 26 - 30
Eintöpfe 31 - 39
Aufläufe 40 - 42
Gerichte mit Fleisch 43 - 48
Pfannengerichte 49 - 71
Gerichte mit Fisch 72 - 79
Eiergerichte 80 - 93

II. Die Salatküche

Allgemeine Ausführungen 96 - 97
Rezepte 98 - 167

III. Einladung zu einer kulinarischen Schlemmerreise

Sektempfang 170
Allgemeine Ausführungen 171 / 172
Sektfrühstück 191
Allgemeine Ausführungen 191 / 193
Zwanglose Treffs 234 - 238

Alles dreht sich um's Buffet
Allgemeine Ausführungen 239 - 241
Mögliche Vorbereitungsarbeiten 242 - 244
Allgemeine Informationen über Buffetangebote 244 - 252
Der Rahmen eines Buffets 253 - 255
Vorschläge für rustikale Buffets 256 - 260
Vorschläge für ein warmes Buffet 261
Fischbuffet 257 - 282
Einfache Gerichte für den späten Abend 262 - 263

Grillvergnügen
Allgemeine Ausführungen 302 - 304
Rezepte von 305 - 320

Für Sommerparty und Sonnentage erfrischende Getränke und Eisspezialitäten
Getränkerezepte 322 - 334
Eisspezialitäten 335 - 343

Süße Schlußpunkte
Creme - Speisen 347 - 359
Fruchtsalate 360 - 362
Sorbet 363
Sorbet - Cocktail 364

Festausklang mit Kaffee und Gebäck
Gebäck 366 - 373
Plätzchen 374 - 381

Rezepte

Reihenfolge der Rezeptabschnitte

1. Appetithäppchen 386
2. Aufläufe 387
3. Eiergerichte 387
4. Eintöpfe 388
5. Fischgerichte 388
6. Fleischgerichte 389
7. Gefülltes 390
8. Gegrilltes
9. Pfannengerichte 391
10. Salate 392
11. Soßen 395
12. Suppen 396
13. Dekoration 397
14. Süßes, Desserts 397
15. Getränke u. Eis 399

1. Appetithäppchen

Sie können beim Sektempfang, Sektfrühstück, Buffets und als Auftakt zu festlichen Menüs angeboten werden. Sie passen zu jeder Tageszeit, man kann sie zu Kaffee, Tee, Bier oder Wein servieren.

Appetithäppchen - Tips f. die Vorbereitung 188/89
Canapés - verschieden belegt 175-178, 282
Bunte Happen 179
Dänisches Smörrebröd 180
Häppchen mit Käsecreme 181
· Cräcker mit " 182
· Käserolle auf Cräcker 182
· Käsetrüffel 182
· Pflaumenspieße 182
Kosackenbrötchen 179
Meterbrote 276 / 277
Pikantes Gebäck 173 / 174

Pumpernickelvariationen
- Käseskat 186
- Matjefilet auf Pumpernickeltaler 187
- Pumpernickel mit Käsetrüffel 181
- Pumpernickeltürmchen 186
- Schachbrett 188

Spießiges Allerlei 184/185
Käsecreme zum Füllen 183

2. Aufläufe

Gemüseauflauf mit Schinken 40
Reisauflauf mit Hähnchen 42
Schwarzwurzelgratin 41

3. Eiergerichte

Brokkoli-Eier-Gratin 83
Curry-Eier-Gemüse mit Kartoffeln 82
Eierragout mit Gemüse 85
Eiertoastbrote aus der Pfanne
- Feinschmeckertoast 93
- Schlemmerschnitte 92
- Sonntagstoast 92
- Strammer Max 91

Gefüllte, kalte Eierhälften 224/25
Poschierte Eier auf Blattspinat 87
Scheminger Eier 90
Schinkeneier mit Pilzen 88
Spiegeleier „Straßburg" 86
Tomateneier mit Schinken 81
Überbackene Schlemmereier mit Schinken und Krabben 89
Zwiebeleier 84

4. Eintöpfe

Bohneneintopf 32
Champignon-Chinakohl-Eintopf 39
Eintopftips 33
Erbsensuppe 35
Gemüsetopf 37
Hähnchentopf mit Gemüse und Nudeln 36
Hähnchentopf mit Mais und Erbsen 38
Pilztopf mit Suppengemüse und Nudeln 33
Linsen-Tomaten-Eintopf 34
Ungarischer Paprika-Eintopf 31

5. Fischgerichte

a) Fischschlemmereien kalt serviert

geeignet als Vorspeise, für Buffets, als Beilage für ein kleines Abendessen oder als Imbiß für Fischfreunde.

Avocado mit geräuchertem Lachs 217
Avocado mit Krabben 194
Artischocken mit Krabben 196
Eihälften mit
- Lachsröllchen 281
- Olivenscheiben
- Tomatencreme 281

Forellenfilets mit Füllung 211-213
Heringsfilets 281
Lachsröllchen, gefüllte 215
Lachs mit Zitronen-Dill-Soße 216
Makrelenfilets 213/14
Melonenspalte mit Lachs 216
Matjes in Dillrahm 279
Matjesröllchen „Lord Nelson" 279
Orangenbecher mit Krabbensalat 222

Rollmops mit Joghurtdip 222
Tomaten, gefüllt mit Krabbensalat 282
Tomaten, gefüllt mit Ölsadinen 221
Tomaten mit Thunfisch - Gurken - Cocktail 221

b) Warme Fischgerichte

Allgemeine Informationen 285/286
Fisch auf Blattspinat 72
Fischfilet „Waidmannsart" 292
Fisch-Paprika-Gulasch 279
Fischragout 73
Fisch in Tomatensoße mit Spaghetti 74
Fischsteaks, gebraten 287
Forelle 77
Garnelenpfanne mit Reis 289
Klabautermann 79
Fisch-Kräuterfilet in Alufolie 76
Maischolle 288, Matjes in Sahnesoße 74
Makrelen in Dill-Sahne-Soße 296
Porree-Fisch-Auflauf 290
Rheinisches Fischfilet mit Erbsen und Klößen 75
Rotbarsch überbacken, „Allgäuer Art" 295
Scholle im Gemüsebeet 294
Seezunge, französisch 291
Seezunge „Müllerin" mit Gurkensalat u. Melone 75
Tomatenreis mit Fisch 78
Thunfischbrötchen, gebacken 223
überbackener Fisch mit Gemüse 293

6. Fleischgerichte – Gerichte mit Fleisch

Bechamelkartoffeln mit gek. Schinken 48
Gemüseragout mit Mettklößchen 47
Gemüse mit Schinken-Käse-Soße 46

Geschnetzeltes mit Backobst 270
Hackfleischsoße mit Nudeln 43
Hacksteaks 271
Lauchreis mit Hackfleisch 45
Leberkäse mit Kartoffelbrei 48, Putensteaks 268
Past'asciutta mit Spaghetti 44
Sauerbraten 267
Schweinehaxe in Rotwein 266
Schnitzel, vielseitig angerichtet 269
Schweinerollbraten mit Kräutern 265
Rouladen 264

7. Gefülltes

Geeignet für Vorspeisen, Sektfrühstück, Buffets

a) Gefüllte Eier 224.225

b) Gefüllte Fleischspeisen 210

c) Gefülltes Gemüse

Avocados, gefüllt mit Krabben 194
Avocados, gefüllt mit Lachs 195
Avocados, gefüllt mit Schinken 195
Artischocken, gefüllt mit Artischockenpüree 196
Artischocken, gefüllt mit Krabben 196
Champignons, mit Eier-Kräuter-Füllung 197
Gurken oder Zucchini, gefüllte 197
Melone mit Alkohol 203
Melone, gefüllt mit Geflügelsalat 201
Melonenspalte mit Ananas-Dip angerichtet 202
Melonenspalten, verschieden belegt 200
Paprika-Snacks 229
Tomaten mit feiner Füllung 205
Tomatenkörbchen 204

d) Gefülltes Obst

Ananas, gefüllt mit Geflügelcocktail 206
Pfirsich, " " " 206
Birne mit Käsefüllung 207
Birne mit Preiselbee-Käsefüllung 207
Grapefruithälften, gef. mit Grapefruitsalat 208
Orangenbecher mit Käsefüllung 209
Orangenbecher mit Wein und Saft 209

8. Gegrilltes

Aufgespießtes 312
- Bunte Spieße mit Kartoffeln 313
- Spießchen „Florida" 314
- Wurst mit Ananas 312
- Wurstspieße 314
- Züricher Spieße 315

Fleischtaschen mit Kräutern 307
Frikadellen mit Schafskäse 309
Folienkartoffeln mit Käse 310
Gegrillte Bananen 311
Gegrillte Fische 316
Gegrillte Zucchini 311
Knusprige Schusterkoteletts 306
Marinierter Fisch 317
Petersilien-Mettrolle 308
Pikante Rippchen 307
Provecalische Lammkoteletts 306
Röstis 310
Schweinebauch mit Honig 305

9. Pfannengerichte

Ananasscheiben mit Schinkencreme 63
Bratwurst mit schneller Soße 56

Bratkartoffeln 65
- Bauernfrühstück 66
- Bratkartoffeln mit Speck 66
- Bratkartoffeln mit Wurst und Zucchini 71
- Bunte Kartoffelpfanne 67
- Gemüse - Bratkartoffeln 69
- Kartoffeln mit Zwiebeln 65
- überbackene Kartoffeln mit Bratwurst 68
- Überbackene Kartoffelpfanne 70

Brokkoli - Eierpfanne 54
Buttermilchpfannkuchen 49
Camembert, gebackener 62
Frikadellen mit Möhren 59
Hackklöße mit pikanter Saße 60
Kartoffelpfannkuchen 51
Käseschnitzel 61
Käsespaghetti 55
Leberkäse, überbacken 57
Schinken- Sellerie- Steak 58
Schinkensteak mit Erbsen und Klößchen 58
Pfannkuchen, gefüllt mit Champignons 50
Spanische Gemüsetortilla 52
Ungarische Reispfanne 53

10. Salate

a) Cocktailsalate

Chicorée - Cocktail 106
Geflügel - Cocktail 206
Grapefruit - Cocktail 105
Geflügelsalat 201
Grapefruitsalat 208
Kiwi - Cocktail 102
Krabben-cocktail mit Chicorée 103
" " " Erbsen und Käse 104

Krabbencocktail mit Geflügel 103
Mandarinen - Melonen - Avocado - Salat 108
Melonen - Cocktail 203
Thunfisch - Gurken - Cocktail 221

b) Rohkostsalate

Bauernsalat 148
Chinakohlplatte 109
Eisbergsalat mit Avocado 115
Eisbergsalat mit Coûtons 114
Feldsalat mit Schinkencroutons 116
Fenchelsalat 144
Fitness - Salat 124
Französische Salatkombination 113
Griechischer Salat 118
Gurkensalat 112
Kohlrabisalat 136, Melonensalat 119
Möhren - Rohkost - Variationen 132
Nizzasalat 126
Paprika - Salat - Variationen 122, 123, 124
Rohkostplatte 110
Rohkostplatte „Gemüsereigen" 107
Rohkostplatte mit versch. Dips 318/319
Rohkostsalatschüssel 110
Rote-Beete - Rohkost 134
Rotkohlsalat 117
Salat mit Erdbeeren 107
Salatschüssel 110
Sommersalat 137
Spanische Salatkombination 111
Staudenselleriesalat 138
Tomatensalate
- mit Gurke 120
- mit Mais 120
- mit Mozzarella 118
- mit roten Bohnen 121
- mit Zwiebeln u. Paprika 121

Weißkohlsalate
- mit Ananas und Lauchzwiebeln 129
- mit Möhren 129
- mit Paprika 128
- mit Sellerie und Äpfeln 128
- Sauerkraut-Salat 131

Zucchini-Salat 125

c) Gemischte Salate

Brabanter Salat 146
Brokkoli-Salat 143
Brokkoli-Salat mit Kasseler 142
Erbsen-Eier-Salat 219
Dicke Bohnen Salat mit Kasseler 133
Fenchelsalat „Caroline" 145
Fischsalate
Fischsalat „Wolga" 152
- Heringssalat nach Hausfrauenart 157
- Heringsstipp 156
- Pikanter Obstsalat mit Meeresfr. 153
- Thunfischsalat mit Eiern 154
- Thunfischsalat 155

Geflügelsalat 201
Geflügelsalat, fruchtiger 220
Gemüseplatte mit Eiern 109
Käsesalat „Beatrix" 220
Rote Beet-Salat mit Mozzarella 135
Sauerkrautsalat mit Kasseler 130
Schichtsalat 150
" , reichhaltiger 149
" , mit Schinken 151
Schweizer-Wurst-Salat 219
Selleriesalate
- Amerikanischer 140, Walorf-Salat 141
- Waldorf-Astoria-Salat 141

Staudensellerie-Salat mit Schinken 139
Trauben-Käsesalat 147
Wurstsalat - Schweizer" 219
Zucchinisalat mit Tomaten u. Salami 127

d) Sättigende Salate

Karloffelsalate
· Kartoffelsalat, einfach 158
· " Abänderungsmöglichkeiten 159
· " bunter 161
· " griechischer 160

Nudelsalate
· " feiner 167
· " rustikaler 166
· " mit Würstchen 165

Reissalate,
· Reissalat mit Lauch 164
· " " Thunfisch 163
· " türkischer 162

11. Kalte Soßen, Dips, Füllungen, warme Soßen

Salatsoßen:
· American-Dressing
· French-Dressing
· Gorgonzola-Soße
· Grüne Kräutersoße
· Schinken-Schnittlauchsoße
· Vinaigrette
· Weiße Soße

kalte Soßen, geeignet
zum Füllen von Gemüse, Obst, Fleischscheiben, Fisch und Häppchen.
· Eier-Lachsfüllung 218 z. Füllen von Gemüse
· Geflügel-Cocktail 206 " " " Obst u. "
· Helgoländer Füllung 218 " " " " "

- Käsecreme 183, Nr. 1, 2, 3, Füllen v. Häppchen
- Käsecreme 209, Obst u. Gemüsefüllung
- Käsecreme 210, Füllen und Spritzen,
- Käsecreme 217, " v. Gemüse, Fleisch
- Käsevariation 198, " v. Gemüse
- Krabbenfüllung 194, Avocado, Melone, Gemüse,
- Lachsfüllung 195 Avocado
- Meerrettichsahne 214, Räucherfisch, Roastbeef
- Preiselbeersahne 214, " "
- Preiselbeersoße 214, " "
- Meerrettich-Apfel-Füllung 215, Lachs, Fleisch
- Preiselbeer-Käsefüllung 207, Obst
- Schinken-Käsefüllung 217, Fleischscheiben.

Dips, geeignet

als Angebot zu Frischgemüse, Melonenspalten, Pelkartoffeln, zum Füllen von Fleischscheiben

- Ananas-Dip, Melonenspalten, 202
- Aurora-Soße, 319
- Dip-Variationen, 320
- Gorgonzola-Soße, 319
- Island-Soße 319
- Tataren-Soße 319

Soßen, warme

- Bechamelsoße 298
- Champignonsoße 298
- Grundsoße 298
- Krabbensoße 299
- Rahmsoße 298
- Schnelle Soße 56
- Weißweinsoße 299

12. Suppen, schnelle

Currysuppe 29
Erbsensuppe mit Mettendchen 28

Erbsensuppe, pürierte 28
Fischsuppe 29
Hühnersuppe mit Chinagemüse 27
Hühnersuppe mit Käse 27
Kartoffel-Lauchsuppe 30
Lauchcreme-Suppe 30
Tomaten-Erbsencremesuppe 28
Tomatensuppe mit Krabben u. Champignons 29
Tomatensuppe mit Mettklößchen.

13. Pfiffig dekoriert

Variationen mit Radieschen 230
" mit Gurken 231/232
" mit Tomaten 233
Rettich-Rosette 233

14. Süßes

Desserts

Ananas mit Madaira-Pflaumen 362
Äpfel in Vanillecreme 357
Buttermilch-Krokant-Creme 365
Cassimark mit Sahne 347
Fruchtbecher 360
Fruchtsalat, weißer 361
Fruchtsoße mit Mascarpone-Creme 358
Gefüllte Aprikosen 347
Himbeercreme 359
Johurtcreme mit Weintrauben 351
Kir-Royal-Creme 354
Kiwi-Creme 352
Preiselbeer-Rotweincreme 349

Schokoladenflammerie 356
Sherry-Creme 353
Sorbet
- Erdbeeer-Sorbet 363
- Pfirsich-Sorbet 363
- Sorbet-Cocktail 364
- Zitronen-Sorbet 363
Weincreme 348
Welfencreme 350

Gebäck

Apfelknödel-fritierte 371
Apfel-Pie 368
Apfelringe, fritierte 370
Apfeltarte 369
Birnenkuchen 372
Biskuitrolle mit Eis 367
Kiwitörtchen 366
Zwetschgenkuchen 373

Plätzchen

Gabelplätzchen 381
Gewürzmakronen 377
Haferflockenmakronen
Krokantbissen 380
Makronen 375/76
Nußstangen 378
saure Sahne-Kringel 379
Wespennester 377

15. Getränke und Eisspezialitäten

Alkoholfreie Getränke

- Birnen - Zitronen - Himbeerbowle 326
- Fruchtsafttee 325
- Grüne Minna 324
- Kinderbowle 323
- " exotisch 324
- Regenbogenbowle 325
- Schorle 322

Alkoholfreie Getränke mit Obst und Milch

- Ananassorbet 332
- Ananastraum 330
- Bananenmix mit Vanilleeis 330
- Birnentrunk 331
- Erdbeer - Flip 331
- Erfrischungssorbet 332
- Fruchtbuttermilch 329
- Göttertrank 330
- Grundrezept 328
- Johannisbeertraum 331
- Sanfter Engel 334
- Zitronenwölkchen 331

Getränke mit Alkohol: Erdbeer - u. Zitronenbowle 333

Eisspezialitäten

- Apfel mit Erdbeereis 340
- Eisbecher 335
- Exotischer Früchteteller 336
- Gefüllte Melone mit Erdbeer - Eiscreme 338
- Kiwi - Zitronenzauber 341
- Pfirsichbecher 337, Pfirsichsterne 339
- Schwarz und Weiß 343
- Vanilleeis mit Himbeer - oder Brombeermus 342